英语类高职高专毕业生

社会需求与培养质量跟踪评价报告

教育部职业院校外语类专业教学指导委员会
刘黛琳 主 任
丁国声 副主任
张学库 副主任
徐小贞 副主任
牛 健 秘书长

北京语言大学出版社
王 壮 副社长

麦可思团队
项目负责人 郭 远
分析与撰写 王梦萍 王 丽
姚 翠 焦 雅
审 稿 杨海涛
校 对 张 扬
数据采集 沈柯伶 赵 华
邓 艳

2015

北京语言大学出版社
BEIJING LANGUAGE AND CULTURE UNIVERSITY PRESS

社图号 15188

图书在版编目 (CIP) 数据

英语类高职高专毕业生社会需求与培养质量跟踪评价报告. 2015 / 刘黛琳主编. -- 北京 : 北京语言大学出版社，2015.10
ISBN 978-7-5619-4274-1

Ⅰ. ①英… Ⅱ. ①刘… Ⅲ. ①英语－高等职业教育－毕业生－就业－评价－研究报告－中国－2015 ②英语－高等职业教育－毕业生－教育质量－评价－研究报告－中国－2015 Ⅳ. ①G717.38

中国版本图书馆 CIP 数据核字（2015）第 230747 号

英语类高职高专毕业生社会需求与培养质量跟踪评价报告（2015）
YINGYU LEI GAOZHI GAOZHUAN BIYESHENG SHEHUI XUQIU YU PEIYANG ZHILIANG GENZONG PINGJIA BAOGAO (2015)

责任编辑：李 亮 李 珍　　美术设计：张 静
责任印制：姜正周

出版发行：北京语言大学出版社
社　　址：北京市海淀区学院路 15 号，100083
网　　址：www.blcup.com
电子信箱：service@blcup.com
电　　话：编辑部 8610-82300178
发行部 8610-82303650/3591/3648
北语书店 8610-82303653
网购咨询 8610-82303908
印　　刷：北京京华虎彩印刷有限公司

版　　次：2015 年 10 月第 1 版　　印　　次：2015 年 10 月第 1 次印刷
开　　本：880 毫米 × 1230 毫米 1/16　　印　　张：8
字　　数：187 千字　　定　　价：39.00 元

PRINTED IN CHINA

目 录

图表目录

第一部分 总述

一、 趋势与总结

（一） 人才培养质量趋势分析

【就业率呈稳定趋势，但优势在缩减】

英语类高职高专 2014 届毕业生毕业半年后的就业率为 92.3%，近三届呈稳定趋势（2013 届 91.8%、2012 届 93.4%），但与全国高职高专（2014 届 91.5%、2013 届 90.9%、2012 届 90.4%）相比优势在缩减。值得注意的是：英语类高职高专 2014 届选择读本科的毕业生明显增多，从上届的 6.2%上升到 8.5%。

具体来看，2014 届旅游英语（93%）、商务英语（93%）毕业生毕业半年后的就业率最高，其中旅游英语近三届的就业率呈上升趋势；2014 届英语教育毕业生毕业半年后的就业率（91%）最低，且近三届就业率下降。

【月收入稳步提升，就业主观感受较好】

英语类高职高专 2014 届毕业生毕业半年后的月收入（3136 元）比 2013 届（2811 元）增长 325 元，比 2012 届（2598 元）增长 538 元，三届增幅为 20.7%，呈持续上升趋势。虽然月收入略低于全国高职高专（2014 届 3200 元），但增幅（全国高职高专三届增幅为 17.2%）较高，差距在不断缩小。

英语类高职高专毕业生就业的整体自我感受较好。2014 届毕业生的职业期待吻合度为 49%，近三届有所提升（2013 届 50%、2012 届 45%），且高于全国高职高专（2014 届 43%）；2014 届毕业生的就业现状满意度为 61%，近三届呈稳定趋势（2013 届 60%、2012 届 62%），且高于全国高职高专（2014 届 59%）。

【教学满意度较高，实践教学仍需加强】

英语类高职高专 2014 届毕业生对母校教学的满意度为 92%，与往届持平，且明显高于全国高职高专（86%）。毕业生认为教学最需要改进的地方是“实习和实践环节不够”（68%），其后依次是“无法调动学生学习兴趣”（46%）、“课程内容不实用或陈旧”（32%）等。认为实习和实践环节需要改进的毕业生中，有 84%的人认为需要加强“专业技能相关实训”。

（二） 创新创业

【创新能力持续上升】

在国家对大学生创新创业政策的支持下，毕业生创新能力[1]的培养效果开始显现。英语类高职高专 2014 届毕业生毕业时掌握的创新能力水平为 53%，较 2012 届（49%）上升 4 个百分点，与全国高职高专持平（53%）。

【创业比例有所上升，主要集中在教育服务、零售商业领域】

英语类高职高专 2014 届毕业生自主创业的比例为 3.4%，比 2013 届、2012 届（均为 2.8%）均高 0.6 个百分点，呈现上升趋势，略低于全国高职高专（2014 届 3.8%）。从近三届数据来看，毕业生自主创业集中在教育服务业（20.9%）和零售商业（17.1%）。

【机会型创业是主体】

从三届毕业生的创业动机看，英语类高职高专创业群体以机会型创业[2]为主，自主创业毕业生中 76%为机会型创业，因为找不到合适的工作才创业的比例为 14%。

【缺乏资金和管理经验是创业的主要风险】

从三届毕业生的创业风险来看，毕业生自主创业的主要风险是缺乏创业资金（27%）、缺乏企业管理经验（26%），其次是市场推广困难（21%）。

【创业资金主要来自个人和家庭】

从三届毕业生的创业资金来源看，家庭自有资金（包含父母/亲友投资或借贷与个人储蓄）为最主要的资金来源（82%），其中来源为父母/亲友投资或借贷的比例为 55%。

【实习/课外兼职对创业更有帮助】

近三届自主创业的毕业生认为对创业最有帮助的在校活动/服务为假期实习/课外兼职（49%）。

---

[1] **创新能力**：是科学分析、批判性思维、积极学习和新产品构思四项基本能力的评价均值。

[2] **机会型创业**：是指因为“理想就是成为创业者”、“有好的创业项目”、“未来收入好”、“受他人邀请加入创业”而选择创业。

（三） 就业特点

【就业的行业变化】

从近三届英语类高职高专毕业生就业量较大的行业类分布情况看，毕业生在教育业就业的比例三届均最高（2012 届至 2014 届分别为 22.0%、17.4%、21.9%）；就业比例增长较多的行业类为金融（银行/保险/证券）业（增加 2.2 个百分点）、住宿和饮食业（增加 1.6 个百分点）、电子电气仪器设备及电脑制造业（增加 1.0 个百分点）。

【就业的职业变化】

从近三届英语类高职高专毕业生就业量较大的职业类分布情况看，毕业生从事销售类职业的比例三届均最高（2012 届至 2014 届分别为 23.8%、25.2%、23.6%），其次是行政/后勤（2012 届至 2014 届分别为 15.6%、14.0%、14.6%）；就业比例增长较多的职业类为中小学教育（增加 3.8 个百分点）、互联网开发及应用（增加 3.0 个百分点）、幼儿与学前教育（增加 1.0 个百分点）。

【民营企业是主要用人单位，且就业比例持续上升】

从近三届英语类高职高专毕业生就业的用人单位类型来看，毕业生主要就业于民营企业，且就业比例持续上升（2012 届至 2014 届分别为 67%、69%、70%）。

二　主要结论

（一）　就业状况

1. **毕业半年后[1]的就业率[2]。**英语类高职高专2014届毕业生毕业半年后的就业率为92.3%，与2013届（91.8%）、全国高职高专2014届（91.5%）均基本持平，比2012届（93.4%）低1.1个百分点。
2. **毕业半年后的去向。**英语类高职高专2014届毕业生毕业半年后“受雇全职工作”的比例为79.0%，比2013届（82.2%）低3.2个百分点，比全国高职高专2014届（81.7%）低2.7个百分点；“毕业后读本科”的比例为8.5%，比2013届（6.2%）高2.3个百分点，比全国高职高专2014届（4.2%）高4.3个百分点；“无工作，继续寻找工作”的比例为4.3%，比2013届（4.9%）低0.6个百分点，比全国高职高专2014届（4.7%）低0.4个百分点。
3. **各专业就业率。**英语类高职高专2014届毕业生毕业半年后就业率最高的专业是旅游英语和商务英语（均为93%）。
4. **各经济区域就业差异。**英语类高职高专2014届毕业生毕业半年后就业率较高的经济区域是泛珠江三角洲区域经济体（95.9%）、泛长江三角洲区域经济体（94.4%）、中原区域经济体（93.9%），且均高于全国高职高专；就业率较低的经济区域是东北区域经济体（87.0%）。
5. **月收入。**英语类高职高专2014届毕业生半年后的月收入[3]为3136元，比2013届（2811元）高325元，比2012届（2598元）高538元，略低于全国高职高专2014届（3200元）。
6. **月收入区间。**英语类高职高专2014届毕业生中，有27.3%的人月收入集中在2501-3000元区间段，有19.2%的人月收入集中在2001-2500元区间段。2014届在4000元以上各区间段的比例均高于2013届。
7. **各专业月收入。**英语类高职高专 2014 届毕业生毕业半年后月收入较高的专业是旅游英语（3328元），毕业半年后月收入较低的专业是英语教育（2807元）。

---

[1] **毕业半年后：**即毕业第二年的1月以后。麦可思在此时展开跟踪评价，收集数据。此时毕业生的就业状况趋于稳定，有工作经历的毕业生也能够评估工作对自己知识、能力的要求水平。

[2] **就业率：**指就业人数占总毕业生需就业人数比例；分子是受雇全职工作人员、受雇半职工作人员、自主创业就业人员和毕业后入伍人员，分母是全体毕业生减去“毕业后读本科”人数(即在就业市场的毕业生人群)。

[3] **月收入：**指工资、奖金、业绩提成、现金福利补贴等所有的现金收入。

8. **专业相关度。**英语类高职高专 2014 届毕业生的工作与专业相关度[1]为 54%，与 2013 届、2012 届（均为 54%）均持平，比全国高职高专 2014 届（62%）低 8 个百分点，比全国高职高专文科类 2014 届（52%）高 2 个百分点。英语类高职高专 2014 届毕业生选择专业无关工作的主要原因是“专业工作不符合自己的职业期待”（30%），与 2013 届（29%）基本持平；其次是“迫于现实先就业再择业”（27%），与 2013 届（26%）基本持平。

9. **各专业相关度。**英语类高职高专 2014 届毕业生工作与专业相关度较高的专业为英语教育（69%），工作与专业相关度较低的专业为旅游英语（46%）。

10. **职业吻合度。**英语类高职高专 2014 届毕业生的工作与职业期待吻合度为 49%，与 2013 届（50%）基本持平，比 2012 届（45%）高 4 个百分点，比全国高职高专 2014 届（43%）高 6 个百分点。英语类高职高专 2014 届认为目前工作与职业期待不吻合的毕业生中，有 45% 的人是因为不符合自己的职业发展规划，有 28%的人是因为不符合自己的兴趣爱好。

11. **各专业职业期待吻合度。**英语类高职高专 2014 届毕业生职业期待吻合度较高的专业是英语教育（55%），职业期待吻合度较低的专业是商务英语（44%）。

12. **就业现状满意度**[2]**。**英语类高职高专 2014 届毕业生的就业现状满意度为 61%，与 2013 届（60%）、2012 届（62%）均基本持平，比全国高职高专 2014 届（59%）高 2 个百分点。英语类高职高专 2014 届毕业生对就业现状不满意的原因主要是“收入低”（67%），其次是“发展空间不够”（62%）。

13. **各专业就业现状满意度。**英语类高职高专 2014 届毕业生就业现状满意度较高的专业是旅游英语（64%），就业现状满意度较低的专业是英语教育（57%）。

14. **离职率。**英语类高职高专 2014 届毕业生毕业半年内的离职率[3]为 42%，比 2013 届（40%）高 2 个百分点，比 2012 届（44%）低 2 个百分点，与全国高职高专 2014 届（42%）持平。英语类高职高专 2014 届毕业半年内发生过离职的毕业生中，有 99%的人有过主动离职，与 2013 届（98%）基本持平；2014 届毕业生主动离职的主要原因是“个人发展空间不够”（44%）、“薪资福利偏低”（42%）、“想改变职业或行业”（41%）。

---

[1] **工作与专业相关度：**毕业生是知识的使用者，他们能够判断自己的工作是否用到了所学的专业知识。因此问卷中是由毕业生回答自己的受雇全职工作是否与所学专业相关。工作与专业相关度计算公式的分子是受雇全职工作并且与专业相关的毕业生人数，分母是受雇全职工作（包括与专业相关及无关）的毕业生人数。

[2] **就业现状满意度：**就业的毕业生对自己目前的现状进行满意度打分，是毕业生的主观判断指标，代表着毕业生对就业的满意程度。就业人群包括：“受雇全职工作”、“受雇半职工作”、“自主创业”、“毕业后入伍”。

[3] **离职率：**从毕业时到毕业当年的 12 月 31 日，有过工作经历的毕业生中多大百分比发生过离职。

15. **各专业离职率。**英语类高职高专 2014 届毕业生毕业半年内离职率较低的专业是英语教育（32%），毕业半年内离职率较高的专业是商务英语（48%）。

（二） 就业特点

1. **职业[1]特点。**英语类高职高专 2014 届毕业生从事的主要职业类为“销售”（23.6%）、“行政/后勤”（14.6%）、“中小学教育”（11.3%）。英语类高职高专 2014 届毕业生从事与专业相关的前 5 位职业类依次为“销售”、“中小学教育”、“行政/后勤”、“翻译”、“高等教育/职业培训”，从事与专业无关的前 5 位职业类依次为“行政/后勤”、“销售”、“财务/审计/税务/统计”、“金融（银行/基金/证券/期货/理财）”、“互联网开发及应用”。建议以麦可思提供的各专业从事的主要职业的任务、技能、知识、任职资格、工作方式和环境及工作活动为参考之一，来改进课程内容、教学方式和实习。各专业毕业生从事的主要职业请参阅主体报告表 2-3。
2. **行业[2]特点。**英语类高职高专 2014 届毕业生就业量最大的行业类为“教育业”（21.9%），毕业半年后月收入为 2627 元。行业是指用人单位的主要产品和服务的内容，这决定了相同职业在不同行业的主要职责是不同的。各专业毕业生就业的主要行业请参阅主体报告表 2-6。
3. **用人单位。**英语类高职高专 2014 届毕业生主要就业的用人单位类型是民营企业/个体（70%），高于全国高职高专毕业生（65%），其月收入为 3140 元；就业于中外合资/外资/独资的比例为 15%，高于全国高职高专毕业生（9%），其月收入（3661 元）最高。英语类高职高专2014届毕业生主要就业的用人单位是300人及以下规模的中小型用人单位(71%)，比全国高职高专 2014 届（56%）高 15 个百分点；在 3000 人以上规模的大型用人单位就业的比例（11%）比全国高职高专 2014 届（20%）低 9 个百分点。其中，在 3000 人以上规模用人单位就业的月收入（3774 元）相对较高。

---

[1] **职业：**是指从业者的主要工作内容。例如，毕业生在一个门户网站公司做文员，其职业应选“文员”；毕业生在一家百货公司维护电脑系统，其职业应选“计算机技术支持员”。

[2] **行业：**是指用人单位的主要产品和服务的内容。例如，毕业生在一个门户网站公司做文员，其用人单位所在行业是“互联网运营与网络搜索引擎业”；毕业生在一家百货公司维护电脑系统，其用人单位所在行业是“百货零售业”。

（三） 校友评价

1. **校友推荐度[1]。**英语类高职高专 2014 届毕业生愿意推荐母校的比例为 63%，比 2013 届、全国高职高专 2014 届（均为 61%）均高 2 个百分点，与 2012 届（64%）基本持平。毕业生愿意推荐母校比例较高的专业是商务英语（66%），愿意推荐母校比例较低的专业是应用英语（61%）。
2. **校友满意度[2]。**英语类高职高专 2014 届毕业生对母校的总体满意度为 93%，比 2013 届（90%）高 3 个百分点，与 2012 届（92%）基本持平，比全国高职高专 2014 届（87%）高 6 个百分点。毕业生对母校满意度较高的专业为旅游英语（95%）。
3. **教学满意度及改进方向。**英语类高职高专 2014 届毕业生对母校的教学满意度为 92%，与 2013 届（92%）持平，比全国高职高专 2014 届（86%）高 6 个百分点。毕业生认为母校的教学最需要改进的地方是“实习和实践环节不够”（68%），其后依次是“无法调动学生学习兴趣”（46%）、“课程内容不实用或陈旧”（32%）等。认为实习和实践环节需要改进的毕业生中，有 84%的人认为需要加强“专业技能相关实训”。毕业生对母校教学满意度较高的专业是英语教育（95%）。
4. **学生工作满意度及改进方向。**英语类高职高专 2014 届毕业生对母校的学生工作满意度为 89%，与 2013 届（89%）持平，比全国高职高专 2014 届（81%）高 8 个百分点。毕业生认为母校的学生工作最需要改进的地方是“与辅导员或班主任接触时间太少”（47%），其后依次是“学生社团活动组织不够好”（34%）、“解决学生问题不及时”（33%）等。毕业生对母校学生工作满意度较高的专业是旅游英语（91%），对母校学生工作满意度较低的专业是商务英语（87%）。
5. **生活服务满意度及改进方向。**英语类高职高专 2014 届毕业生对母校的生活服务满意度为 86%，比 2013 届（84%）高 2 个百分点，比全国高职高专 2014 届（80%）高 6 个百分点。毕业生认为母校的生活服务需要改进的地方主要是“食堂饭菜质量及服务不够好”（39%）、“学校洗浴服务不够好”（38%）、“学校医院或医务室服务不够好”（37%）等。毕业生对母校生活服务满意度较高的专业是旅游英语（88%），对母校生活服务满意度较低的专业是英语教育（84%）。

---

[1] **校友推荐度：**在同等分数同类型学校条件下，毕业生是否愿意推荐母校给亲戚朋友去就读。推荐度计算公式的分子是回答“愿意推荐”的人数，分母是回答“愿意推荐”、“不愿意推荐”、“不确定”的总人数。

[2] **校友满意度：**毕业生对母校的总体满意度评价分为“无法评估”、“很不满意”、“不满意”、“满意”、“很满意”。其中“满意”、“很满意”属于满意的范围，“很不满意”、“不满意”属于不满意的范围。校友满意度是回答满意范围的人数百分比，计算公式的分子是回答满意范围的人数，分母是回答不满意范围和满意范围的总人数。

（四） 素养、工作能力、核心知识及社团活动分析

1. **素养。**英语类高职高专 2014 届毕业生中，分别有 64%、63%的人表示大学帮助自己在“积极努力、追求上进”、“人生的乐观态度”方面得到明显提升；提升较少的方面是“人文美学”（25%）；有 4%的人表示大学对素养提升“没有任何帮助”。

2. **基本工作能力的满足度**[1]**。**英语类高职高专 2014 届毕业生的总体能力满足度为 84%，与 2013 届（83%）基本持平，比全国高职高专 2014 届（82%）高 2 个百分点。英语类高职高专 2012 届~2014 届毕业生认为重要度较高的基本工作能力是有效的口头沟通（73%），其满足度为 84%。

3. **五大能力群的能力满足度。**英语类高职高专 2014 届毕业生的五大能力群中，科学思维能力、理解与交流能力、管理能力、应用分析能力的满足度分别为 86%、85%、84%、83%，这四大能力群的能力满足度均高于全国高职高专毕业生。

4. **核心知识的满足度**[2]**。**英语类高职高专 2014 届毕业生的总体知识满足度为 83%，与 2013 届（82%）基本持平，比全国高职高专 2014 届（81%）高 2 个百分点。英语类高职高专 2012 届~2014 届毕业生认为重要度较高的知识是外国语（68%）、营销与沟通（65%），其相应的满足度分别为 87%、76%。

5. **社团活动**[3]**参与度。**英语类高职高专 2014 届毕业生在校期间，参加过公益类、学术科技类社团活动的比例（分别为 29%、28%）较高，其中，参加过公益类社团活动的比例与 2013 届（28%）基本持平，参加过学术科技类社团活动的比例低于 2013 届（33%）；参加过社会实践类和社交联谊类社团活动的比例（均为 10%）均较低，均低于 2013 届（均为 12%）；另外，有 24%的人表示没有参加任何社团活动，与 2013 届（23%）基本持平。

6. **社团活动满意度**[4]**。**其中，公益类社团活动的满意度（87%）最高，与 2013 届（87%）持平；学术科技类社团活动的满意度（72%）最低，与 2013 届（73%）基本持平。

---

[1] **基本工作能力的满足度：**毕业时掌握的基本工作能力水平满足社会初始岗位的工作要求水平的百分比，100%为完全满足。满足度计算公式的分子是毕业时掌握的基本工作能力水平，分母是工作要求的水平。

[2] **核心知识的满足度：**毕业时掌握的核心知识水平满足社会初始岗位的工作要求水平的百分比，100%为完全满足。满足度计算公式的分子是毕业时掌握的核心知识水平，分母是工作要求的水平。

[3] **社团活动：**是指毕业生大学期间参加过哪些类社团活动，一个毕业生可以选择多类社团活动，也可以回答“没有参加任何社团活动”。社团活动包括：“学术科技类（如：统计协会、哲学社、英语角等）”、“社会实践类（如：创业协会等）”、“公益类（如：志愿者协会等）”、“社交联谊类”、“文化艺术类（如：文学社、书画协会等）”、“表演艺术类（如：演讲与口才、歌舞戏剧、声乐器乐协会等）”、“体育户外类”。

[4] **社团活动满意度：**毕业生选择了某类社团活动后，会被要求评价对该类社团活动是否满意。社团活动满意度=参加过该类社团活动并表示满意的人数/参加过该类社团活动的人数。

（五） 创业创新分析

1. **创新能力[1]。**英语类高职高专 2014 届毕业生毕业时掌握的创新能力水平为 53%，与 2013 届、全国高职高专 2014 届（均为 53%）均持平，比 2012 届（49%）高 4 个百分点。
2. **毕业生自主创业比例及趋势。**英语类高职高专 2014 届毕业生自主创业的比例为 3.4%，比 2013 届、2012 届（均为 2.8%）均高 0.6 个百分点，比全国高职高专 2014 届（3.8%）低 0.4 个百分点。
3. **自主创业集中的职业类。**英语类高职高专 2012 届~2014 届毕业生自主创业集中的职业类主要为销售（23.5%），其次是中小学教育（11.1%）、餐饮/娱乐（9.3%）。
4. **自主创业集中的行业类。**英语类高职高专 2012 届~2014 届毕业生自主创业集中的行业类主要为教育业（20.9%），其次是零售商业（17.1%）。
5. **自主创业的动机。**英语类高职高专 2012 届~2014 届毕业生自主创业的动机主要是“理想就是成为创业者”（42%）。
6. **自主创业的风险因素。**英语类高职高专 2012 届~2014 届毕业生自主创业的风险因素主要是“缺少资金”（27%）、“缺乏企业管理经验”（26%），其次是“市场推广困难”（21%）。
7. **自主创业的资金来源。**英语类高职高专 2012 届~2014 届毕业生自主创业的资金来源主要是“父母/亲友投资或借贷”（55%），其次是“个人积蓄”（27%）。
8. **创业最有帮助的在校活动/服务。**英语类高职高专 2012 届~2014 届自主创业的毕业生认为对创业最有帮助的在校活动/服务主要是“假期实习/课外兼职”（49%）。

（六） 求职分析

1. **求职渠道。**英语类高职高专 2014 届毕业生获得第一份工作的主要渠道是“通过专业求职网站”（26%）和“通过朋友和亲戚得到招聘信息”（25%）。
2. **求职服务。**英语类高职高专 2014 届毕业生接受“大学组织的招聘会”求职服务的比例（55%）最高，高于 2013 届（48%）较多，其有效性（65%）高于 2013 届（59%）；接受“辅导简历写作”、“辅导面试技巧”求职服务的比例分别为 36%、29%，其有效性（均为 88%）均较高。另外，表示“没有接受任何求职辅导服务”的毕业生比例为 17%，低于 2013 届（22%）。

（七） 毕业后读本科

1. **毕业后读本科。**英语类高职高专 2014 届毕业生毕业后读本科的比例为 8.5%，比 2013 届（6.2%）高 2.3 个百分点，比 2012 届（6.5%）高 2.0 个百分点，比全国高职高专 2014 届（4.2%）高

---

[1] **创新能力：**包括科学分析、批判性思维、积极学习、新产品构思四种能力。

4.3 个百分点。

2. **毕业后读本科原因。**英语类高职高专 2014 届毕业生选择读本科的主要原因是“职业发展需要”（31%）、“想去更好的大学”（30%）和“就业前景好”（27%）。

第二部分　主体报告

第一章　就业状况

一、就业率分析

（一）　总体就业率

毕业半年后：即毕业第二年的 1 月份以后。麦可思在此时展开跟踪评价，收集数据。此时毕业生的就业状况趋于稳定，有工作经历的毕业生也能够评估工作对自己知识、能力的要求水平。

就业人群：包括四类人群："受雇全职工作"、"受雇半职工作"、"自主创业"、"毕业后入伍"。

就业率：指就业人数占总毕业生需就业人数比例；分子是受雇全职工作人员、受雇半职工作人员、自主创业就业人员和毕业后入伍人员，分母是全体毕业生减去"毕业后读本科"人数（即在就业市场的毕业生人群）。

受雇全职工作：平均每周工作 32 小时或更多。

受雇半职工作：平均每周工作 20 小时到 31 小时。

英语类高职高专 2014 届毕业生毕业半年后的就业率为 92.3%，与 2013 届（91.8%）、全国高职高专 2014 届（91.5%）均基本持平，比 2012 届（93.4%）低 1.1 个百分点。

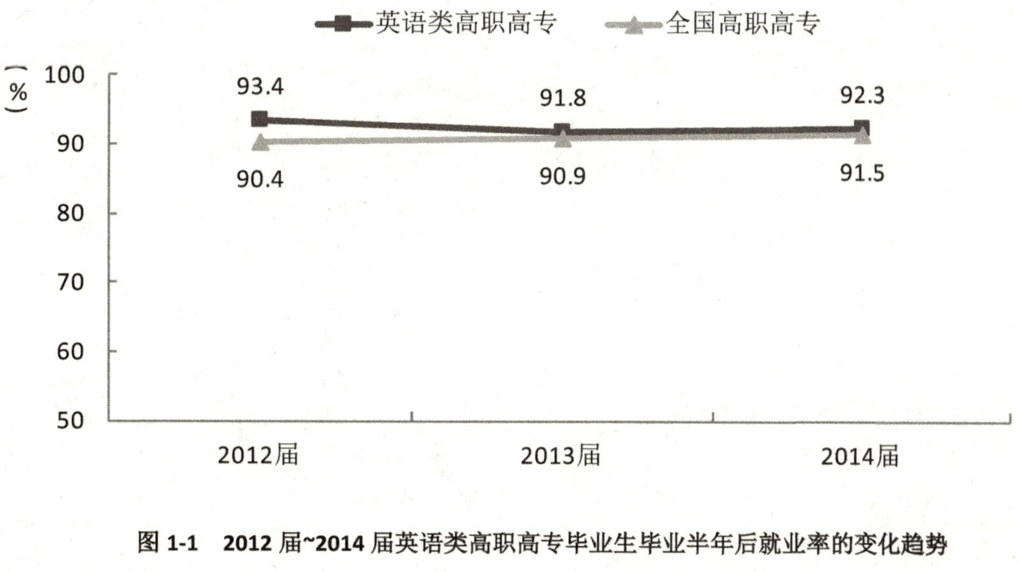

图 1-1　2012 届~2014 届英语类高职高专毕业生毕业半年后就业率的变化趋势

（二） 毕业半年后的去向

英语类高职高专 2014 届毕业生毕业半年后“受雇全职工作”的比例为 79.0%，比 2013 届（82.2%）低 3.2 个百分点，比全国高职高专 2014 届（81.7%）低 2.7 个百分点；“毕业后读本科”的比例为 8.5%，比 2013 届（6.2%）高 2.3 个百分点，比全国高职高专 2014 届（4.2%）高 4.3 个百分点；“无工作，继续寻找工作”的比例为 4.3%，比 2013 届（4.9%）低 0.6 个百分点，比全国高职高专 2014 届（4.7%）低 0.4 个百分点。

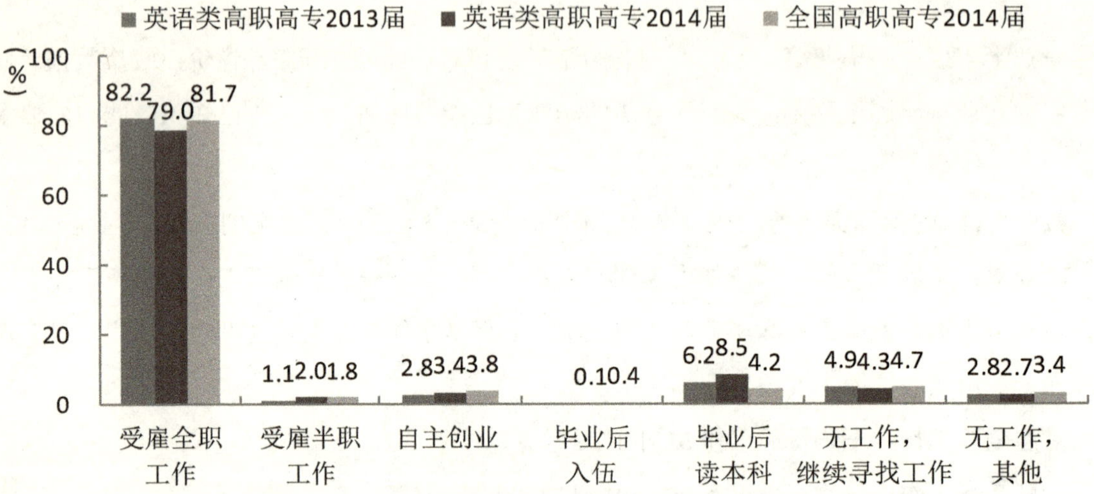

图 1-2　2014 届英语类高职高专毕业生毕业半年后的去向分布

注 1：毕业后入伍为 2014 届新增选项。
注 2：图中显示数字均保留一位小数，因为四舍五入，加起来可能不等于 100%。

（三） 各专业的就业率

英语类高职高专 2014 届毕业生毕业半年后就业率最高的专业是旅游英语和商务英语（均为 93%）。其中，商务英语专业毕业半年后就业率出现回升。

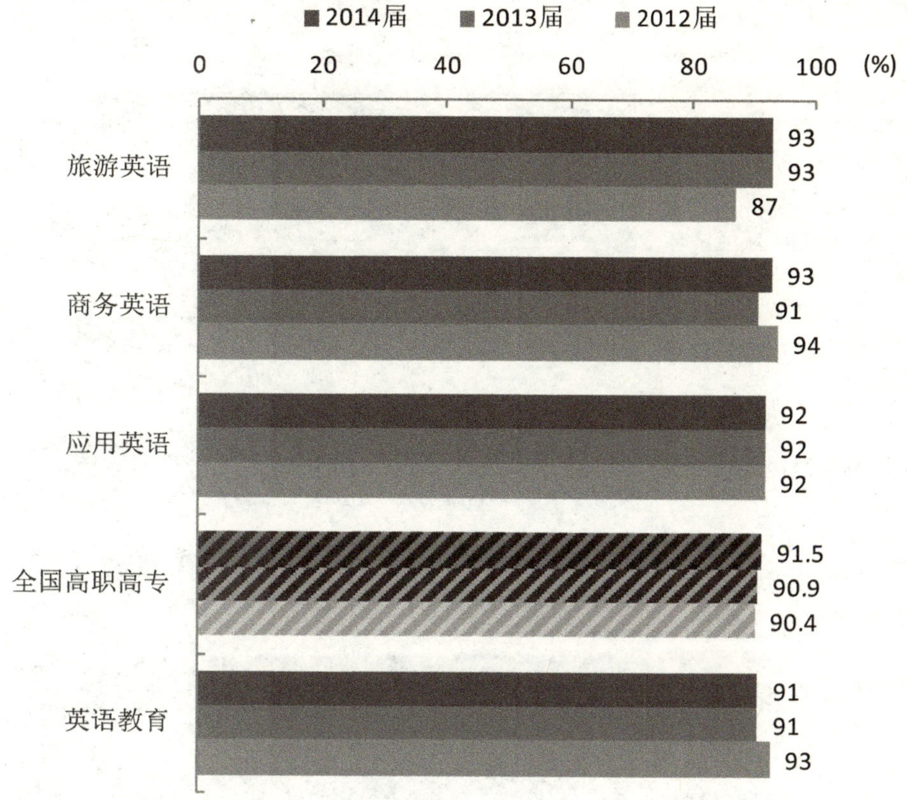

图 1-3 2012 届~2014 届各专业毕业生毕业半年后的就业率

（四） 各经济区域就业差异

经济区域：本研究把中国大陆 31 个省、直辖市和自治区分为八个经济体系区域：

a) 东北区域经济体：包括黑龙江、吉林、辽宁；

b) 泛渤海湾区域经济体：包括北京、天津、山东、河北、内蒙古、山西；

c) 陕甘宁青区域经济体：包括陕西、甘肃、宁夏、青海；

d) 中原区域经济体：包括河南、湖北、湖南；

e) 泛长江三角洲区域经济体：包括上海、江苏、浙江、江西、安徽；

f) 泛珠江三角洲区域经济体：包括广东、广西、福建、海南；

g) 西南区域经济体：包括重庆、四川、贵州、云南；

h) 西部生态经济区：包括西藏、新疆。

英语类高职高专2014届毕业生毕业半年后就业率较高的经济区域是泛珠江三角洲区域经济体（95.9%）、泛长江三角洲区域经济体（94.4%）、中原区域经济体（93.9%），且均高于全国高职高专 2014 届毕业生；就业率较低的经济区域是东北区域经济体（87.0%）。

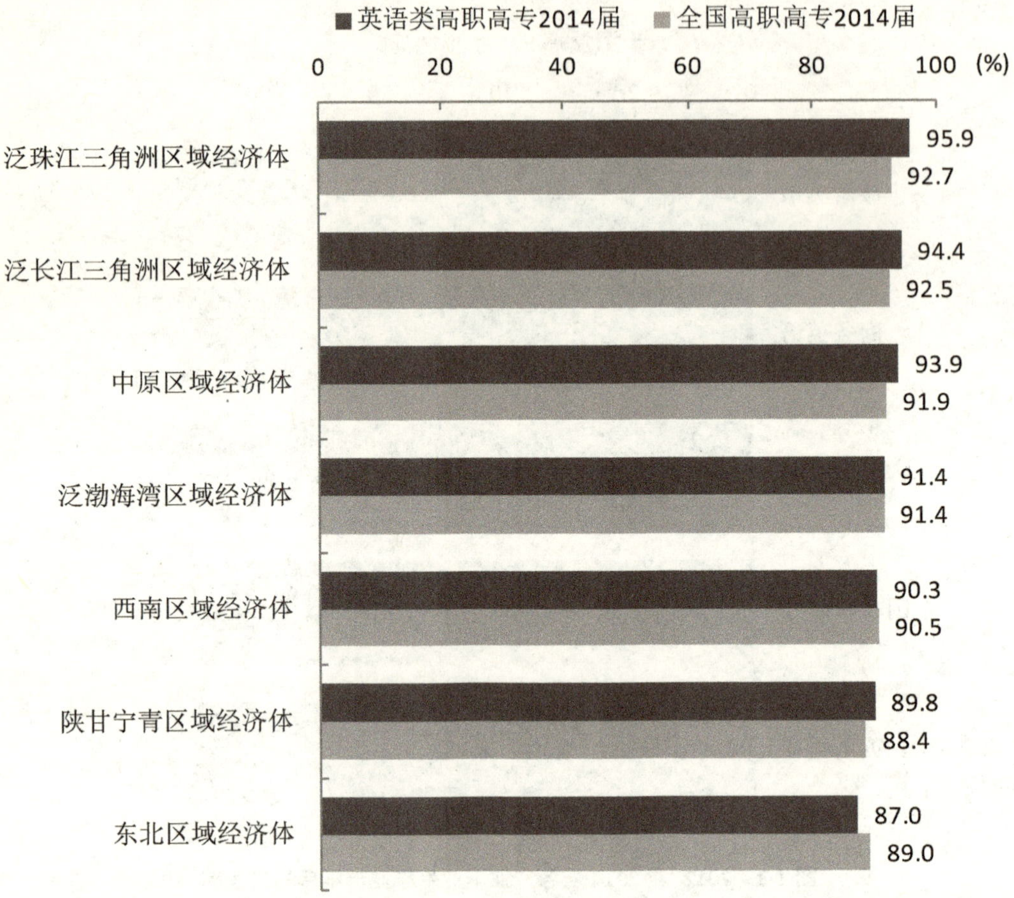

图 1-4　2014 届大学所在经济区域英语类高职高专毕业生毕业半年后的就业率

注：英语类高职高专 2014 届西部生态经济区因回答该问题的样本数较少，所以没有包括在图中。

二、就业质量

就业质量：主要体现在月收入、工作与专业相关度、职业吻合度、就业现状满意度、离职率方面。

收入的高低，是高校培养的毕业生质量的市场价值的体现；

工作与专业相关度越高，体现了专业培养帮助毕业生更多地得到了市场价值的实现；

职业吻合度，反映了毕业生所从事的职业与期待的差距；

就业现状满意度，代表着毕业生对就业的主观满意程度；

离职率低，工作稳定性较强，反映了毕业生与用人单位匹配度较高，毕业生满足了用人单位的需求，用人单位也符合了毕业生的期望。

（一） 收入分析

月收入：指工资、奖金、业绩提成、现金福利补贴等所有的月度现金收入。

毕业半年后的月收入：是指大学生毕业半年后实际每月工作收入的平均值。

1. 毕业半年后的月收入

英语类高职高专 2014 届毕业生毕业半年后的月收入为 3136 元，比 2013 届（2811 元）高 325 元，比 2012 届（2598 元）高 538 元，略低于全国高职高专 2014 届（3200 元）。月收入连续三届持续上涨，三届增幅（20.7%）高于全国高职高专（17.2%），差距在不断缩小。

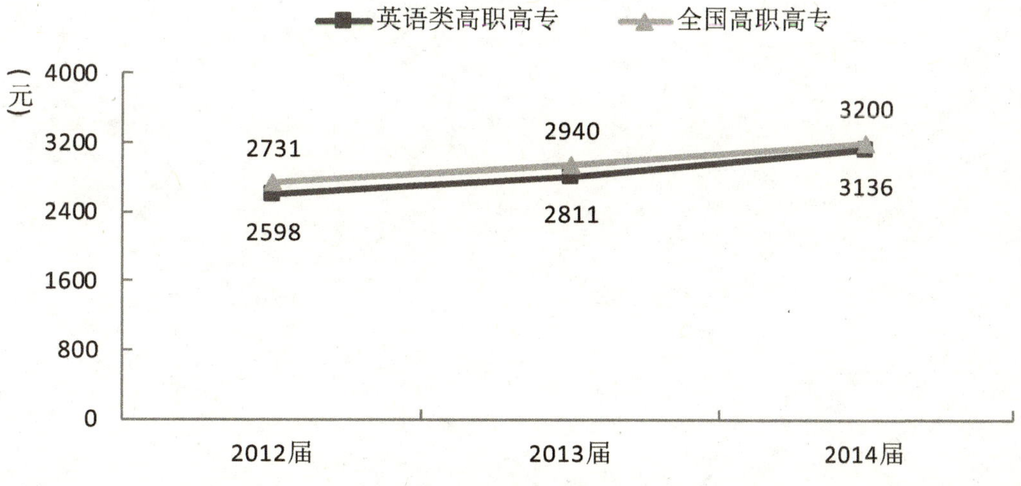

图 1-5　2012 届~2014 届英语类高职高专毕业生毕业半年后月收入的变化趋势

2. 月收入分布

英语类高职高专2014届毕业生中，有27.3%的人月收入集中在2501-3000元区间段，有19.2%的人月收入集中在2001-2500元区间段。2014届在4000元以上各区间段的比例均高于2013届。

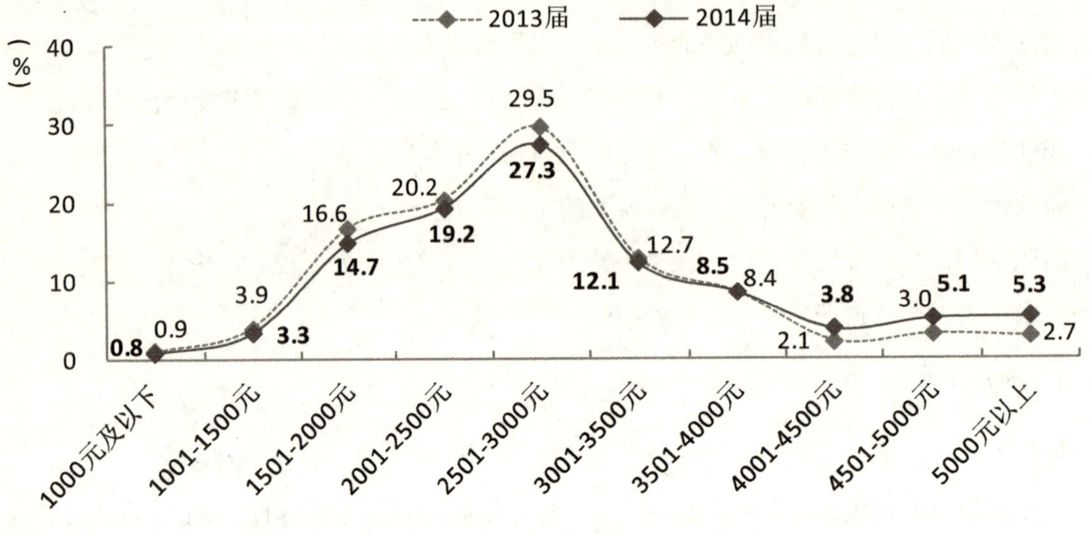

图 1-6 2013 届、2014 届英语类高职高专毕业生月收入区间分布

注 1：2014 届英语类高职高专数据标签加粗显示。
注 2：图中数据均保留一位小数，由于四舍五入，相加可能不等于 100%。

3. 各专业的月收入

英语类高职高专 2014 届毕业生毕业半年后月收入较高的专业是旅游英语（3328 元），毕业半年后月收入较低的专业是英语教育(2807 元)。各专业的月收入连续三届均有不同程度的提高。

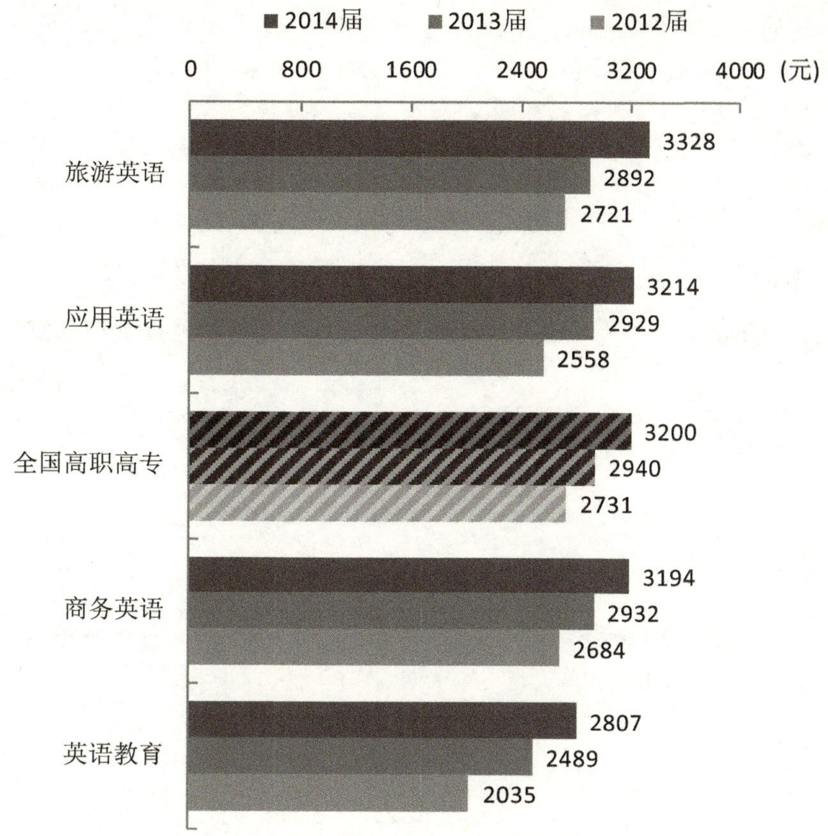

图 1-7 2012 届~2014 届各专业毕业生毕业半年后月收入

（二） 专业相关度

工作与专业相关度：毕业生是知识的使用者，他们能够判断自己的工作是否用到了所学的专业知识。因此问卷中是由毕业生回答自己的受雇全职工作是否与所学专业相关。工作与专业相关度计算公式的分子是受雇全职工作并且与专业相关的毕业生人数，分母是受雇全职工作（包括与专业相关及无关）的毕业生人数。

1. 专业相关度

英语类高职高专 2014 届毕业生的工作与专业相关度为 54%，与 2013 届、2012 届（均为 54%）均持平，比全国高职高专 2014 届（62%）低 8 个百分点，比全国高职高专文科类 2014 届（52%）高 2 个百分点。英语类高职高专毕业生的工作与专业相关度连续三届保持稳定。

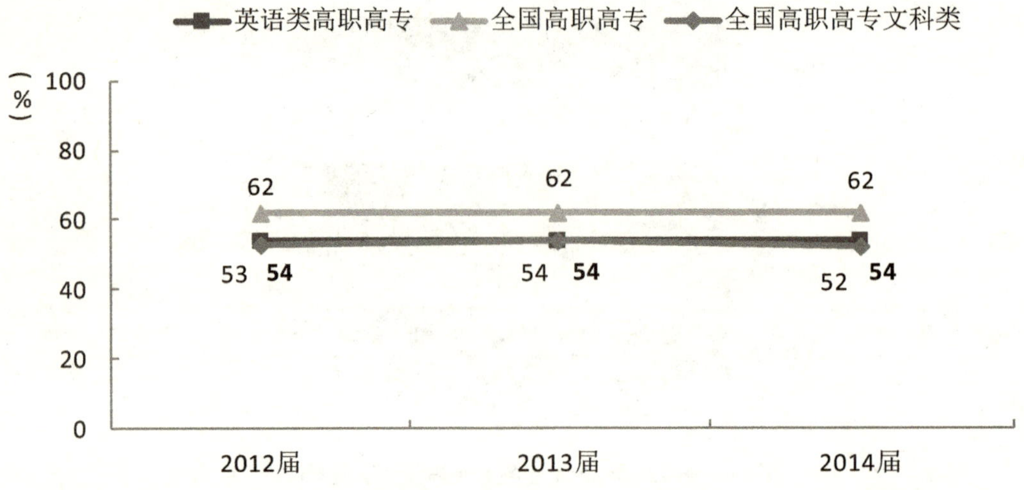

图 1-8 2012 届~2014 届英语类高职高专毕业生工作与专业相关度的变化趋势

注：英语类高职高专数据标签加粗显示。

2. 选择专业无关工作的原因

英语类高职高专 2014 届毕业生选择专业无关工作的主要原因是"专业工作不符合自己的职业期待"（30%），与 2013 届（29%）基本持平；其次是"迫于现实先就业再择业"（27%），与 2013 届（26%）基本持平。

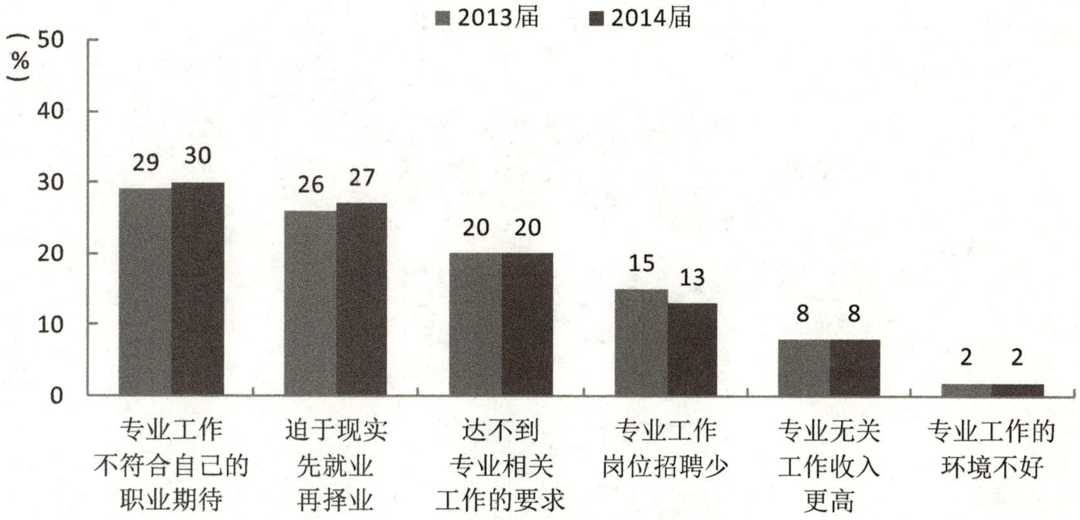

图 1-9　2013 届、2014 届英语类高职高专毕业生选择专业无关工作的原因

3. 各专业的专业相关度

英语类高职高专 2014 届毕业生工作与专业相关度较高的专业为英语教育（69%），该专业的工作与专业相关度出现回升；工作与专业相关度较低的专业为旅游英语（46%），该专业毕业生选择专业无关工作的主要原因是专业工作不符合自己的职业期待。

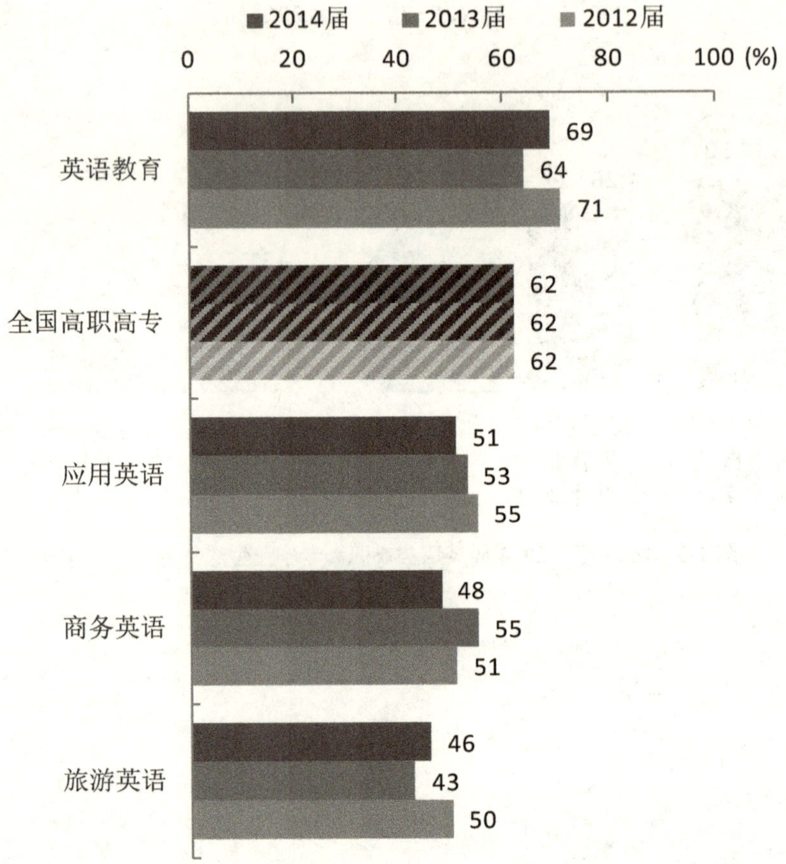

图 1-10 2012 届~2014 届各专业毕业生工作与专业相关的人数%

（三） 职业吻合度

职业期待吻合度：毕业生目前的工作与职业期待吻合的人数百分比。职业吻合度反映了现在的就业质量和职业匹配度。

1. 职业期待吻合度

英语类高职高专 2014 届毕业生的工作与职业期待吻合度为 49%，与 2013 届（50%）基本持平，比 2012 届（45%）高 4 个百分点，比全国高职高专 2014 届（43%）高 6 个百分点。英语类高职高专毕业生的工作与职业期待吻合度持续高于全国高职高专毕业生。

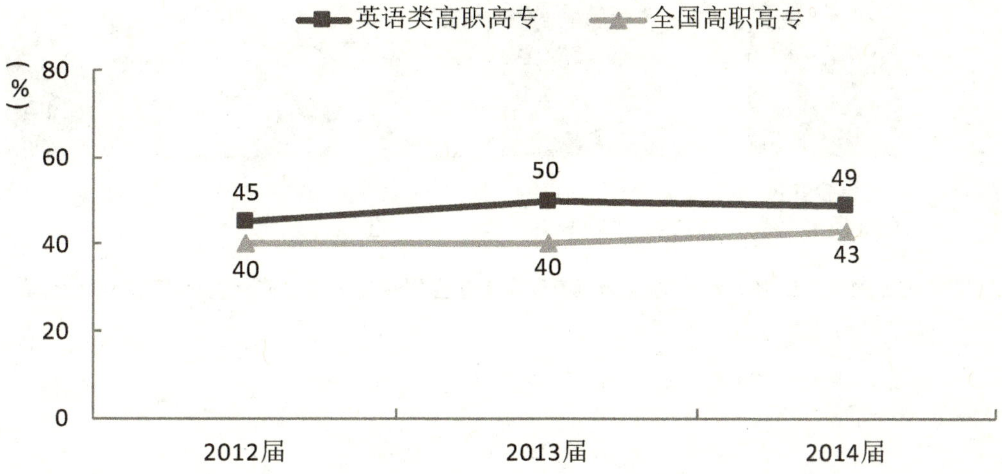

图 1-11 2012 届~2014 届英语类高职高专毕业生目前工作与职业期待吻合度的变化趋势

2. 职业不符合期待的原因

英语类高职高专 2014 届认为目前工作与职业期待不吻合的毕业生中，有 45%的人是因为不符合自己的职业发展规划，有 28%的人是因为不符合自己的兴趣爱好。

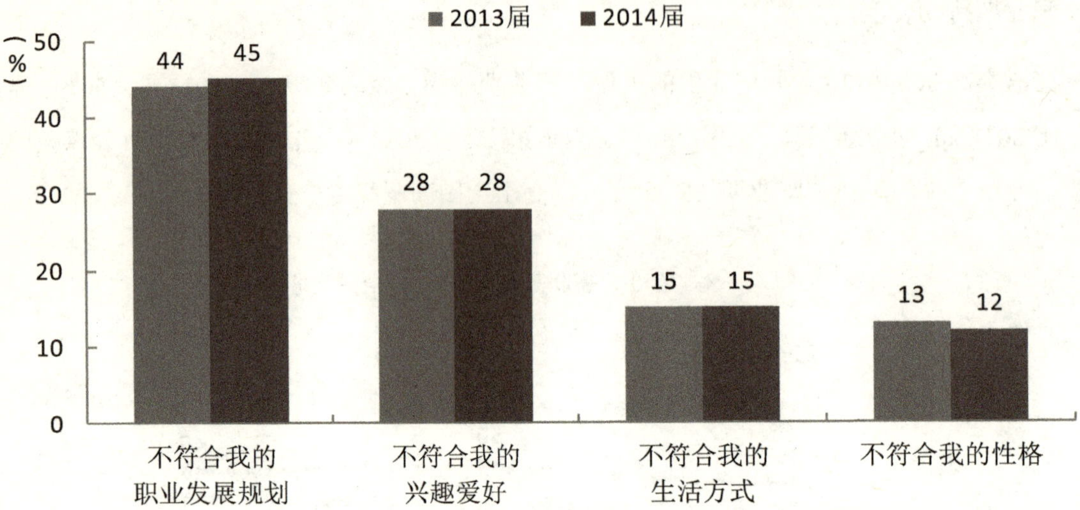

图 1-12 2013 届、2014 届英语类高职高专毕业生目前工作不符合职业期待的原因分布

3. 各专业职业期待吻合度

英语类高职高专 2014 届毕业生职业期待吻合度较高的专业是英语教育（55%），职业期待吻合度较低的专业是商务英语（44%）。此外，旅游英语、应用英语专业的职业期待吻合度均有所下降。

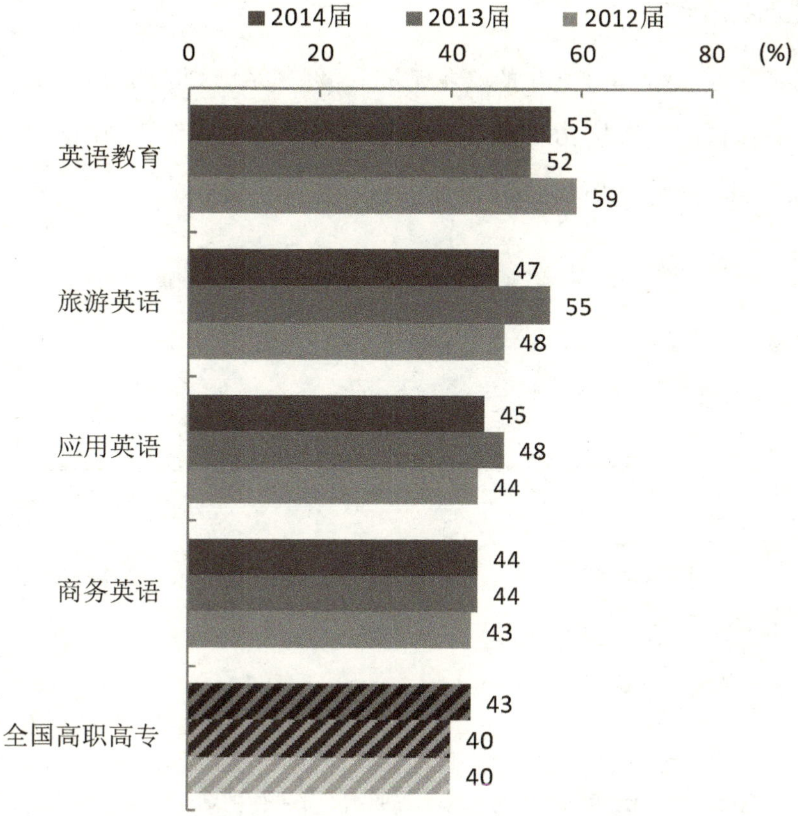

图 1-13　2012 届~2014 届各专业毕业生的职业期待吻合度

（四） 就业现状满意度

就业人群：包括四类人群："受雇全职工作"、"受雇半职工作"、"自主创业"、"毕业后入伍"。

就业现状满意度：就业的毕业生对自己目前的现状进行满意度打分，是毕业生的主观判断指标，代表着毕业生对就业的满意程度。

1. 总体就业现状满意度

英语类高职高专 2014 届毕业生的就业现状满意度为 61%，与 2013 届（60%）、2012 届（62%）均基本持平，比全国高职高专 2014 届（59%）高 2 个百分点。英语类高职高专毕业生的就业现状满意度连续三届均高于全国高职高专毕业生，但优势在缩小。

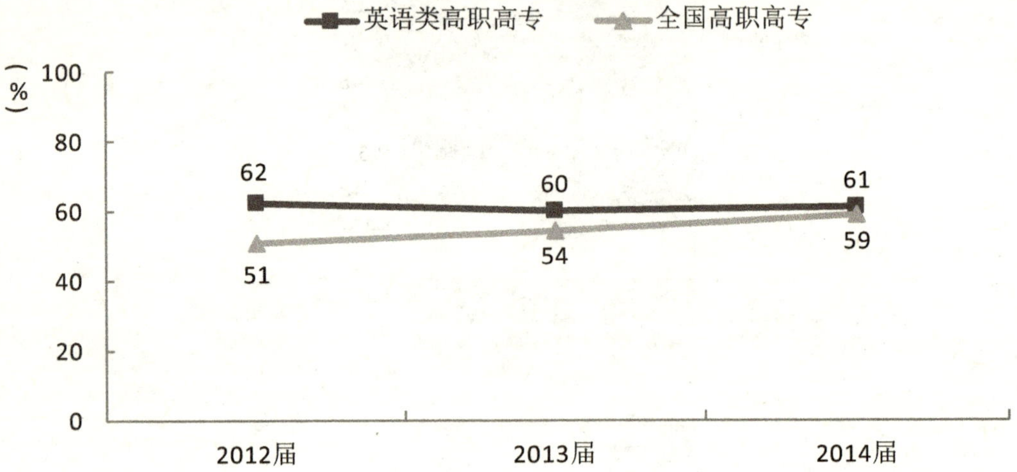

图 1-14 2012 届~2014 届英语类高职高专毕业生的就业现状满意度的变化趋势

2. 对就业现状不满意的原因

英语类高职高专 2014 届毕业生对就业现状不满意的原因主要是“收入低”（67%），其次是“发展空间不够”（62%）。

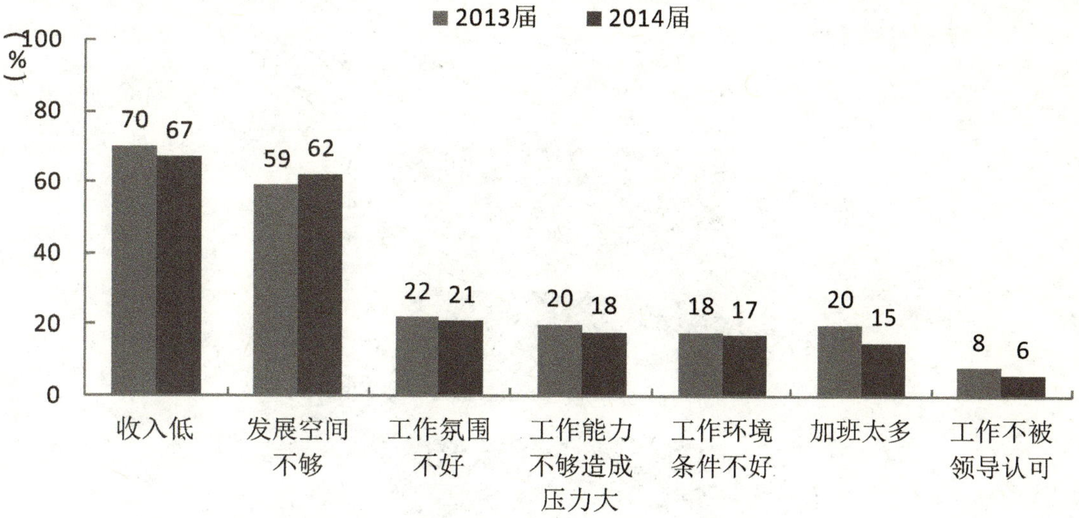

图 1-15　2013 届、2014 届英语类高职高专毕业生对就业现状不满意的原因（多选）

3. 各专业就业现状满意度

英语类高职高专2014届毕业生就业现状满意度较高的专业是旅游英语（64%），该专业的就业现状满意度连续三届较高；就业现状满意度较低的专业是英语教育（57%），较上届（60%）有所下降，对就业现状不满意的原因主要是收入低和发展空间不够。

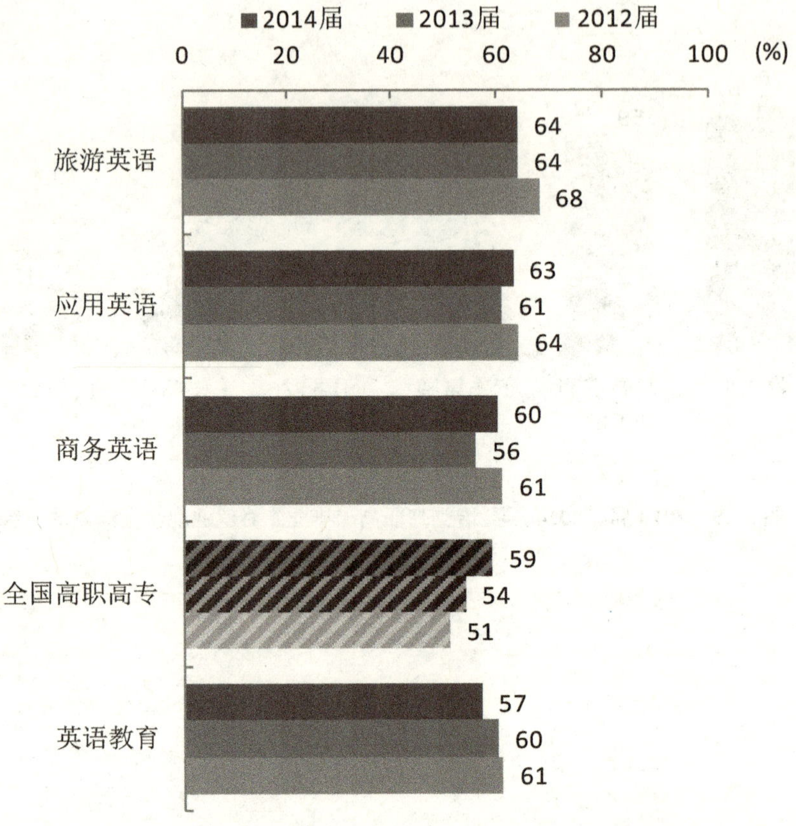

图1-16　2012届~2014届各专业毕业生的就业现状满意度

（五） 离职分析

离职率：从毕业时到毕业当年的 12 月 31 日，有过工作经历的毕业生中多大百分比发生过离职。

离职类型：分为只有主动离职、只有被解雇、两者均有三类情形。

离职率如果较高，会影响到学校在用人单位的声誉。被动离职反映了毕业生没有满足用人单位的需求，主动离职会使用人单位认为高校毕业生缺乏忠诚度。

1. 毕业半年内的离职率

英语类高职高专 2014 届毕业生毕业半年内的离职率为 42%，比 2013 届（40%）高 2 个百分点，比 2012 届（44%）低 2 个百分点，与全国高职高专 2014 届（42%）持平。

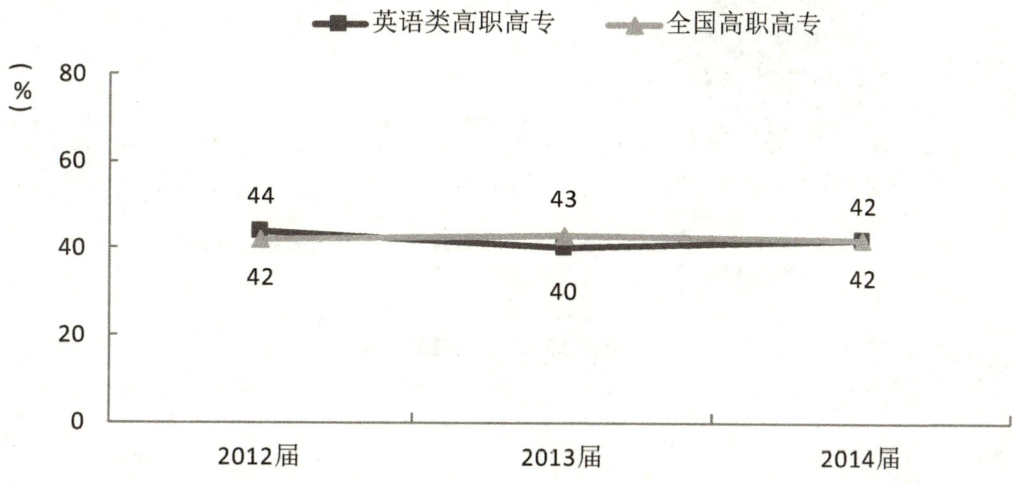

图 1-17 2012 届~2014 届英语类高职高专毕业生毕业半年内离职率的变化趋势

2. 离职类型和原因

英语类高职高专 2014 届毕业半年内发生过离职的毕业生中，有 99%的人有过主动离职，与 2013 届（98%）基本持平；2014 届毕业生主动离职的主要原因是“个人发展空间不够”（44%）、“薪资福利偏低”（42%）、“想改变职业或行业”（41%）。

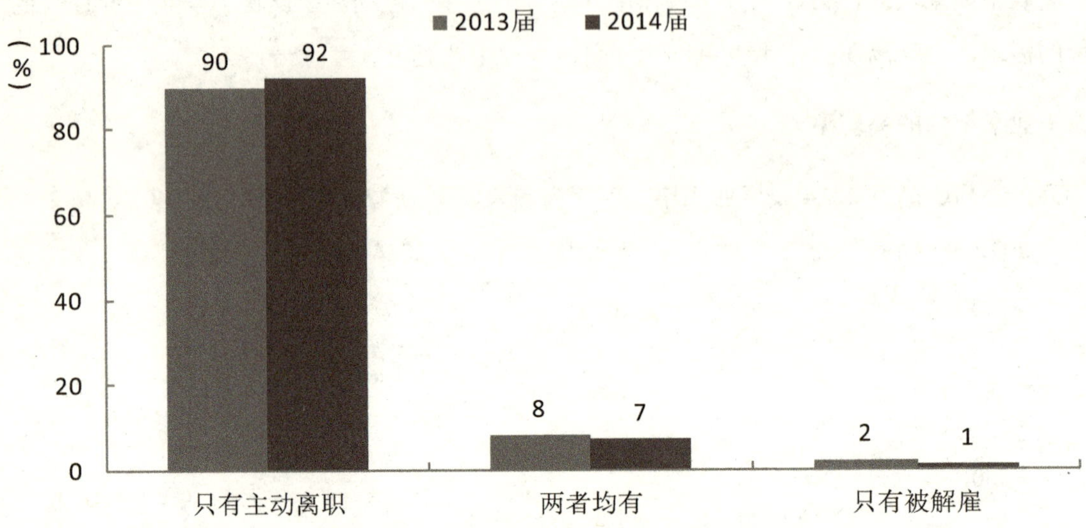

图 1-18　2013 届、2014 届英语类高职高专毕业生离职类型的分布

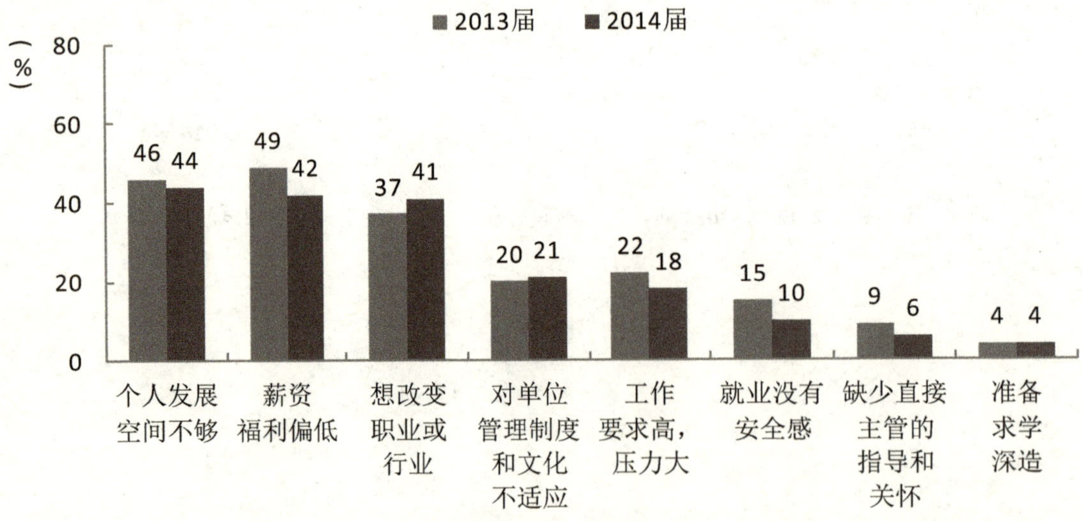

图 1-19　2013 届、2014 届英语类高职高专毕业生主动离职的原因（多选）

3. 各专业毕业半年内的离职率

英语类高职高专2014届毕业生毕业半年内离职率较低的专业是英语教育（32%），毕业半年内离职率较高的专业是商务英语（48%）。需要注意的是，英语教育专业的离职率连续三届持续上升，商务英语专业的离职率连续三届均较高。

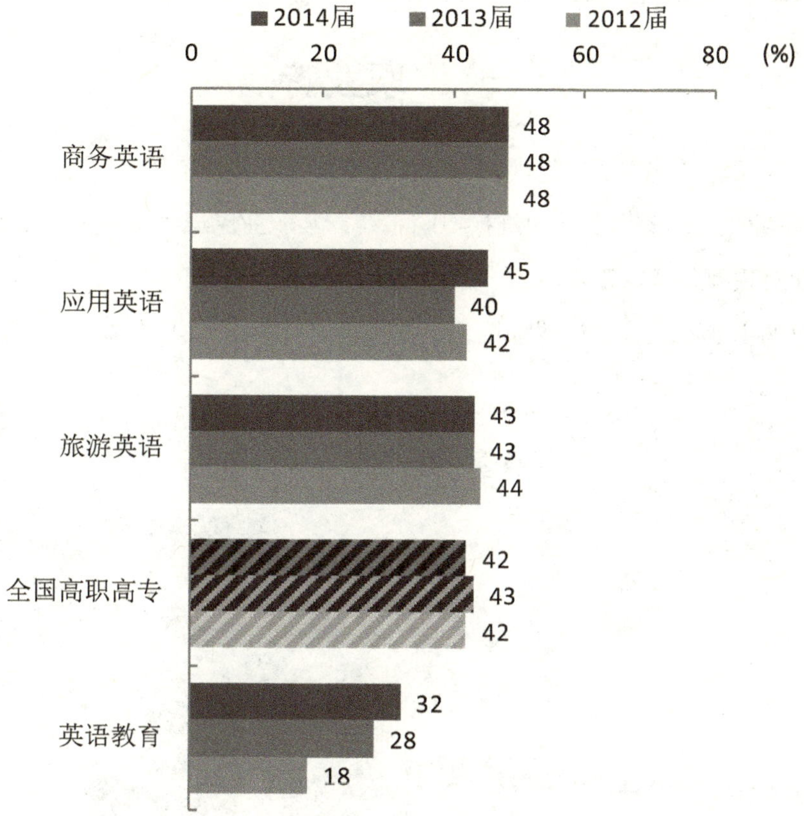

图1-20 2012届~2014届各专业毕业半年内的离职人数%

4. 各专业毕业生主动离职的第一原因

表1-1 2014届英语类高职高专各专业毕业生主动离职的第一原因

专业名称	主动离职第一原因
旅游英语	想改变职业或行业
商务英语	薪资福利偏低
英语教育	个人发展空间不够
应用英语	个人发展空间不够

第二章　就业特点

就业特色：根据大学毕业生从事的主要职业、就业的主要行业、在不同类型与不同规模的用人单位就业、就业地区等方面来了解他们的就业状况，分析他们的就业特色。各专业毕业生的就业特色反映了需求特色，在进行专业特色建设时必须要考虑高校专业的需求特色。

一、　职业特点

职业：是指从业者的主要工作内容。例如，毕业生在一个门户网站公司做文员，其职业应选“文员”；毕业生在一家百货公司维护电脑系统，其职业应选“计算机技术支持员”。

不同职业对主要任务、基本能力、核心知识、任职资格等的要求不同，学校应根据不同专业毕业生从事的主要职业来改进课程设置、课程内容和教学方式，以及指导学生的职业规划和入学教育。

图 2-1　职业环境信息图

1. 就业量较大的职业类及变化

英语类高职高专 2012 届~2014 届毕业生从事的主要职业类如下表所示。英语类高职高专 2014 届毕业生从事的主要职业类为"销售"(23.6%)、"行政/后勤"(14.6%)、"中小学教育"(11.3%)。其中，就业比例增长较多的职业类为中小学教育（增加 3.8 个百分点）、互联网开发及应用（增加 3.0 个百分点）、幼儿与学前教育（增加 1.0 个百分点）。

表 2-1 2012 届~2014 届英语类高职高专毕业生从事的主要职业类

英语类高职高专毕业生从事的职业类名称	就业比例（%）			
	2014 届	2013 届	2012 届	2014 届-2012 届
销售	23.6	25.2	23.8	-0.2
行政/后勤	14.6	14.0	15.6	-1.0
中小学教育	11.3	6.5	7.5	3.8
财务/审计/税务/统计	5.0	5.2	4.9	0.1
高等教育/职业培训	5.0	6.7	9.7	-4.7
酒店/旅游/会展	4.4	4.5	5.0	-0.6
翻译	4.2	6.6	4.5	-0.3
互联网开发及应用	3.7	1.3	0.7	3.0
幼儿与学前教育	3.6	2.3	2.6	1.0

注："2014 届-2012 届"表示以 2014 届的就业比例减去 2012 届的就业比例。

2. 英语类高职高专毕业生从事的主要职业类

英语类高职高专 2014 届毕业生从事与专业相关的前 5 位职业类依次为"销售"、"中小学教育"、"行政/后勤"、"翻译"、"高等教育/职业培训"，从事与专业无关的前 5 位职业类依次为"行政/后勤"、"销售"、"财务/审计/税务/统计"、"金融（银行/基金/证券/期货/理财）"、"互联网开发及应用"。

表 2-2 2014 届英语类高职高专毕业生主要从事的前 5 位职业类

所从事的工作与专业相关的英语类高职高专毕业生			所从事的工作与专业无关的英语类高职高专毕业生		
职业类名称	占与专业相关英语类毕业生比例（%）	毕业半年后月收入（元）	职业类名称	占与专业无关英语类毕业生比例（%）	毕业半年后月收入（元）
销售	28.9	3357	行政/后勤	22.5	2806
中小学教育	17.5	2585	销售	18.9	3314
行政/后勤	8.6	3132	财务/审计/税务/统计	7.0	2859
翻译	8.3	3431	金融（银行/基金/证券/期货/理财）	4.9	4362
高等教育/职业培训	6.8	2773	互联网开发及应用	4.2	3099

3. 各专业毕业生从事的主要职业

英语类高职高专 2012 届~2014 届各专业毕业生从事的主要职业如下表所示。例如，旅游英语专业从事与专业相关工作的毕业生就业量前 3 位的职业分别为“预订票务代理和旅游服务人员”、“导游”、“餐饮服务生”，从事与专业无关工作的毕业生就业量前 3 位的职业分别为“文员”、“其他销售代表、服务商”、“行政秘书和行政助理”。

表 2-3 2012 届~2014 届各专业毕业生主要从事的前 3 位职业（三届合并）

专业名称	所从事的工作与专业相关的毕业生			所从事的工作与专业无关的毕业生		
	就业量第一的职业	就业量第二的职业	就业量第三的职业	就业量第一的职业	就业量第二的职业	就业量第三的职业
旅游英语	预订票务代理和旅游服务人员	导游	餐饮服务生	文员	其他销售代表、服务商[1]	行政秘书和行政助理
商务英语	翻译员	销售代表（批发和制造业，不包括科技类产品）	其他销售代表、服务商	文员	行政秘书和行政助理	客服专员
英语教育	小学教师	中等职业教育教师	初中教师	文员	行政秘书和行政助理	会计
应用英语	翻译员	文员	其他销售代表、服务商	文员	行政秘书和行政助理	客服专员

可参考附录中英语类高职高专毕业生从事的主要职业对应的职业环境，根据职业环境中所要求的主要任务、基本能力、核心知识、任职资格等 12 项指标来帮助改进课程设置、课程内容和教学方式，以及指导学生的职业规划和入学教育。

4. 英语类高职高专毕业生的主要职业环境举例（见附录）

[1] **其他销售代表、服务商**：是指在销售职业类中，除“宣传促销经理”、“市场经理”、“销售经理”、“非农产品的批发和零售卖主”、“市场调查分析师”、“一线销售经理（零售）”、“一线销售经理（非零售）”、“营业员”、“广告业务员”、“销售代表（农产品和设备）”、“销售代表（机械设备和零件）”、“销售代表（医疗用品）”、“销售代表（精密仪器）”、“销售代表（批发和制造业，不包括科技类产品）”、“销售技术员”、“推销员”、“客服专员”之外的其他职业。

二、 行业特点

行业：是指用人单位的主要产品和服务的内容。例如，毕业生在一个门户网站公司做文员，其用人单位所在行业是"互联网运营与网络搜索引擎业"；毕业生在一家百货公司维护电脑系统，其用人单位所在行业是"百货零售业"。

1. 就业量较大的行业类及变化

英语类高职高专 2012 届~2014 届毕业生就业的主要行业类如下表所示。英语类高职高专 2014 届毕业生就业量最大的行业类为"教育业"（21.9%）。其中，就业比例增长较多的行业类为金融（银行/保险/证券）业（增加 2.2 个百分点）、住宿和饮食业（增加 1.6 个百分点）、电子电气仪器设备及电脑制造业（增加 1.0 个百分点）。

表 2-4 2012 届~2014 届英语类高职高专毕业生就业的主要行业类

英语类高职高专毕业生就业的行业类名称	就业比例（%）			
	2014 届	2013 届	2012 届	2014 届-2012 届
教育业	21.9	17.4	22.0	-0.1
零售商业	8.2	9.6	8.1	0.1
金融（银行/保险/证券）业	6.8	4.8	4.6	2.2
电子电气仪器设备及电脑制造业	6.3	6.0	5.3	1.0
住宿和饮食业	5.1	3.2	3.5	1.6

注："2014 届-2012 届"表示以 2014 届的就业比例减去 2012 届的就业比例。

2. 英语类高职高专毕业生就业的主要行业类

英语类高职高专 2014 届毕业生就业量最大的行业类为"教育业"（21.9%），毕业半年后月收入为 2627 元。

表 2-5 2014 届英语类高职高专毕业生就业量最大的前 5 位行业类

行业类名称	占英语类毕业生比例（%）	毕业半年后月收入（元）
教育业	21.9	2627
零售商业	8.2	3402
金融（银行/保险/证券）业	6.8	3864
电子电气仪器设备及电脑制造业	6.3	3351
住宿和饮食业	5.1	3336

3. 各专业毕业生就业的主要行业

英语类高职高专 2012 届~2014 届各专业毕业生就业的主要行业如下表所示。例如：旅游英语专业毕业生就业量前 3 位的行业分别是“旅客住宿业”、“旅游房车及野营业”、“其他个人服务业”。

表 2-6 2012 届~2014 届各专业毕业生就业的前 3 位行业（三届合并）

专业名称	就业量第一的行业	就业量第二的行业	就业量第三的行业
旅游英语	旅客住宿业	旅游房车及野营业	其他个人服务业[1]
商务英语	中小学教育机构	其他个人服务业	其他学院和培训机构[2]
英语教育	中小学教育机构	幼儿园与学前教育机构	其他学院和培训机构
应用英语	中小学教育机构	幼儿园与学前教育机构	其他个人服务业

[1] **其他个人服务业**：是指在“其他服务业（除行政服务）”行业大类中，除“汽车保养与维修业”、“电子和精密设备维修保养业”、“商业及工业机械设备维修保养业”、“个人及家庭用品维修业”、“个人护理服务业”、“丧葬服务业”、“干洗及洗衣服务业”、“家政服务业”之外的其他行业。

[2] **其他学院和培训机构**：是指在教育业行业大类中，除“中小学教育机构”、“大专/高职教育机构”、“本科学院和大学”、“商业和计算机培训机构”、“中等职业教育机构”、“教育辅助服务业”、“幼儿园与学前教育机构”之外的其他行业。

三、 用人单位

用人单位特色：通过区别大学毕业生以及主要专业的毕业生就业的用人单位类型、用人单位规模，高校以及毕业生可以对以后置身的职场文化、工作氛围等较为明确，更好地指导自己的职场发展。用人单位的职场文化是指用人单位在长期生产经营过程中逐步形成与发展的、带有本用人单位特征的用人单位经营哲学，即以价值观念和思维方式为核心所生成的外化的用人单位行为规范、道德准则、风俗习惯和传统的有机统一。适应职场文化是就业能力的重要组成部分，不同类型的用人单位有不同的职场文化。各专业应根据自己的毕业生主要就业的用人单位类型来培养职场文化，让毕业生具有职场文化的优势。

1. 用人单位类型

英语类高职高专 2014 届毕业生主要就业的用人单位类型是民营企业/个体（70%），高于全国高职高专 2014 届毕业生（65%），其月收入为 3140 元；就业于中外合资/外资/独资的比例为 15%，高于全国高职高专 2014 届毕业生（9%），其月收入（3661 元）最高。

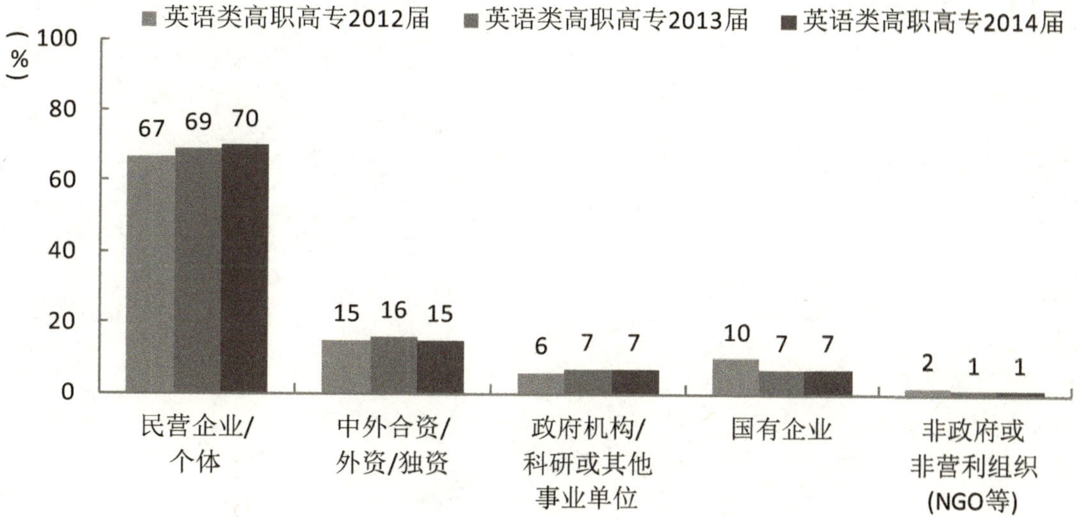

图 2-2 2012 届~2014 届英语类高职高专毕业生的用人单位类型分布

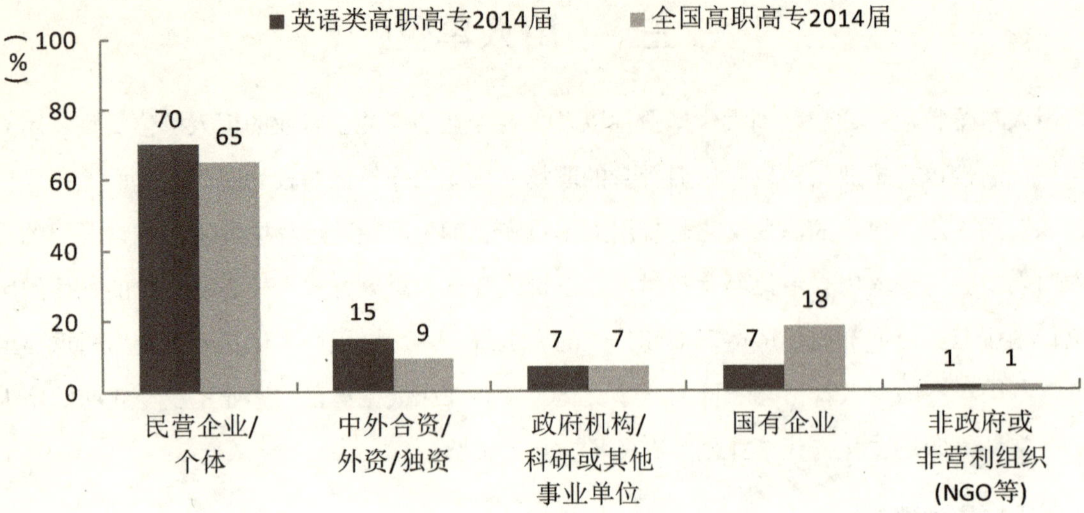

图 2-3　2014 届英语类高职高专毕业生的用人单位类型分布

2. 不同类型用人单位的月收入

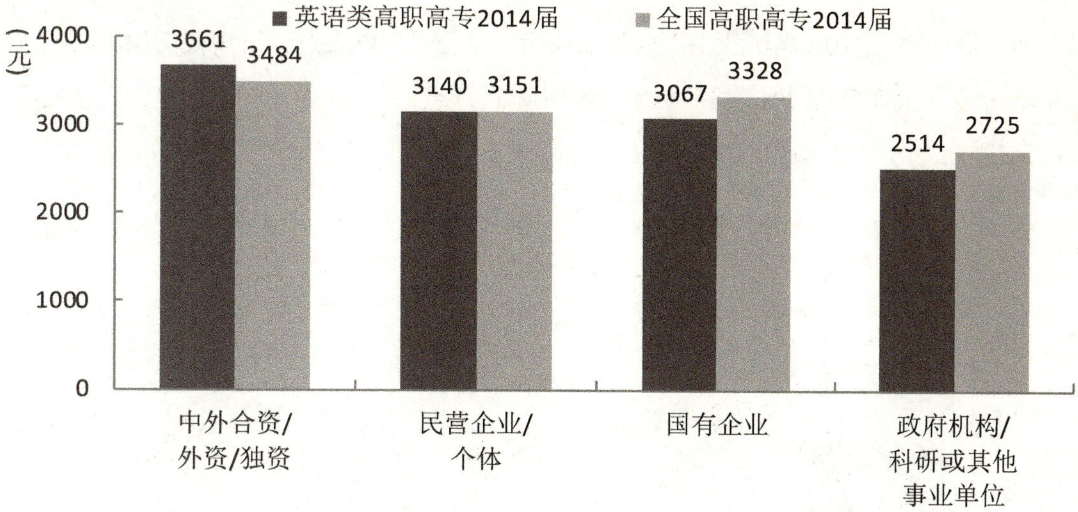

图 2-4　2014 届英语类高职高专毕业生在不同类型用人单位就业的月收入

注：英语类高职高专 2014 届非政府或非营利组织(NGO 等)用人单位因回答该问题的样本数较少，所以没有包括在图中。

3. 各专业毕业生的用人单位类型

职场文化是就业能力的重要组成部分，不同类型的用人单位有不同的职场文化。英语类专业的课程内容中应融入不同职场文化的介绍，特别是要根据各专业毕业生主要就业的用人单位类型来培养职场文化，让毕业生具有职场文化的优势。

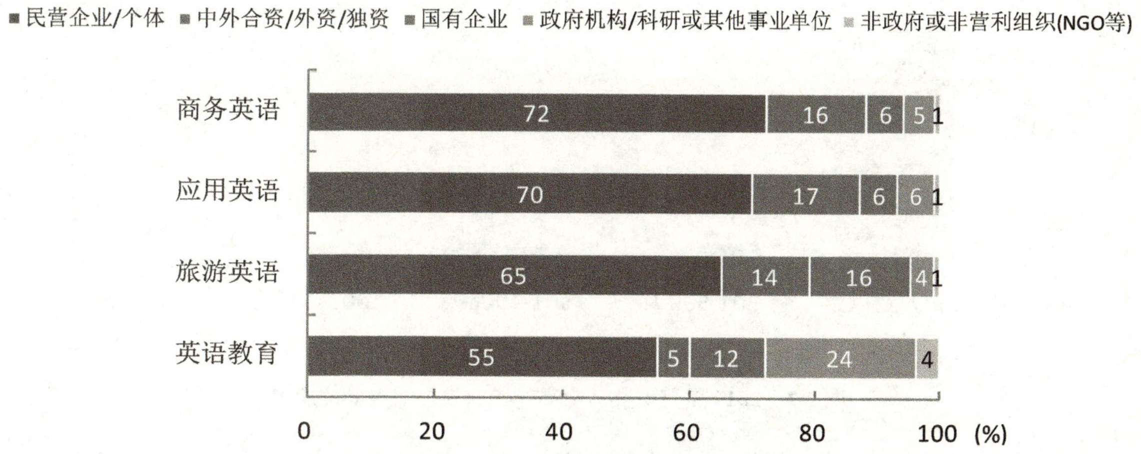

图 2-5　2012 届~2014 届各专业毕业生的用人单位类型分布（三届平均）

4. 用人单位规模

英语类高职高专2014届毕业生主要就业的用人单位是300人及以下规模的中小型用人单位（71%），比全国高职高专2014届（56%）高15个百分点；在3000人以上规模的大型用人单位就业的比例（11%）比全国高职高专2014届（20%）低9个百分点。

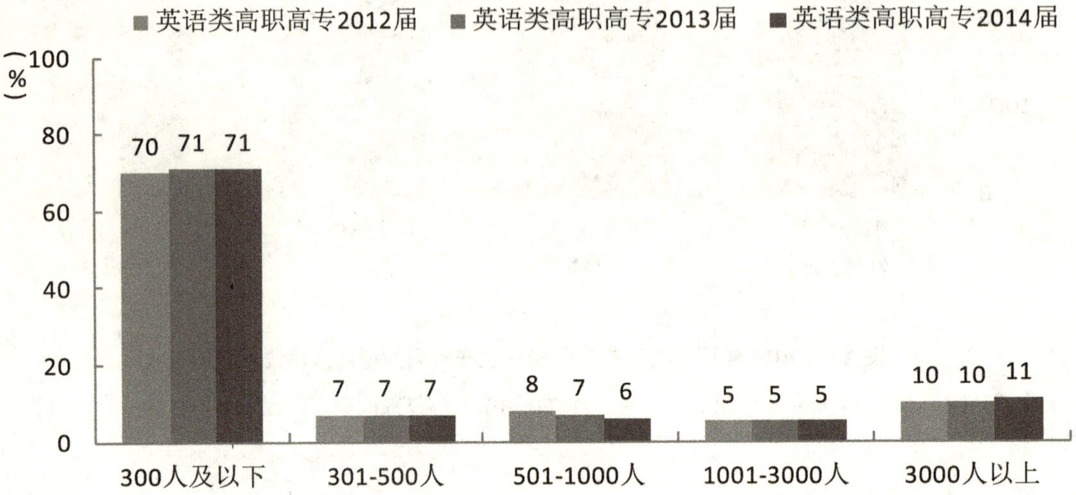

图2-6 2012届~2014届英语类高职高专毕业生的用人单位规模分布

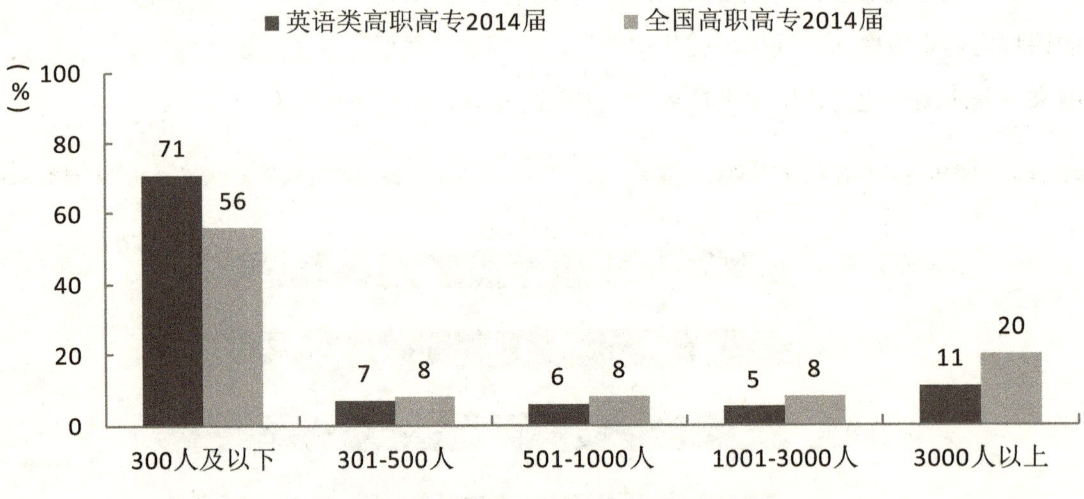

图2-7 2014届英语类高职高专毕业生的用人单位规模分布

5. 不同规模用人单位的月收入

英语类高职高专 2014 届毕业生中，在 3000 人以上规模用人单位就业的月收入（3774 元）相对较高。

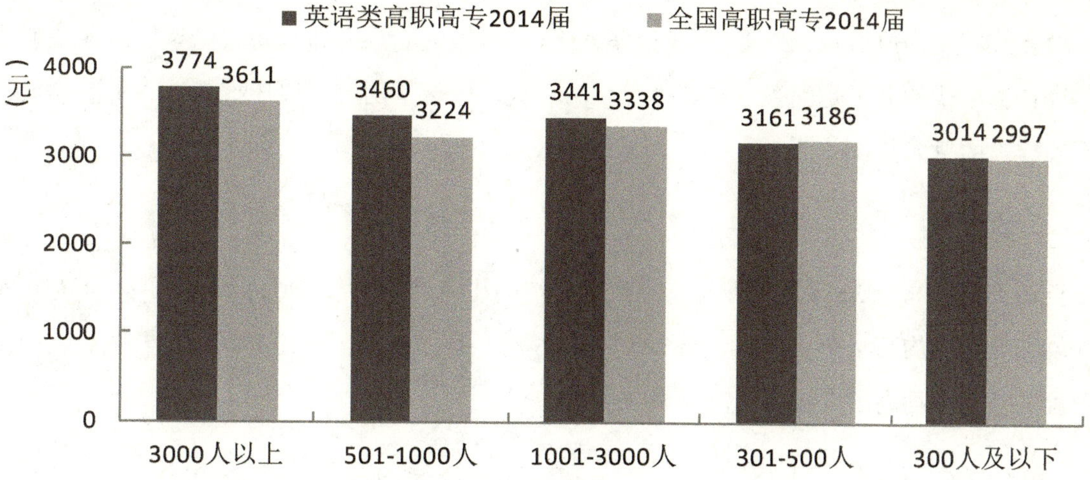

图 2-8　2014 届英语类高职高专毕业生在不同规模用人单位就业的月收入

6. 各专业毕业生的用人单位规模

英语类高职高专 2012 届~2014 届毕业生中，英语教育专业毕业生在 300 人及以下规模的中小型用人单位就业的比例（80%）较高。

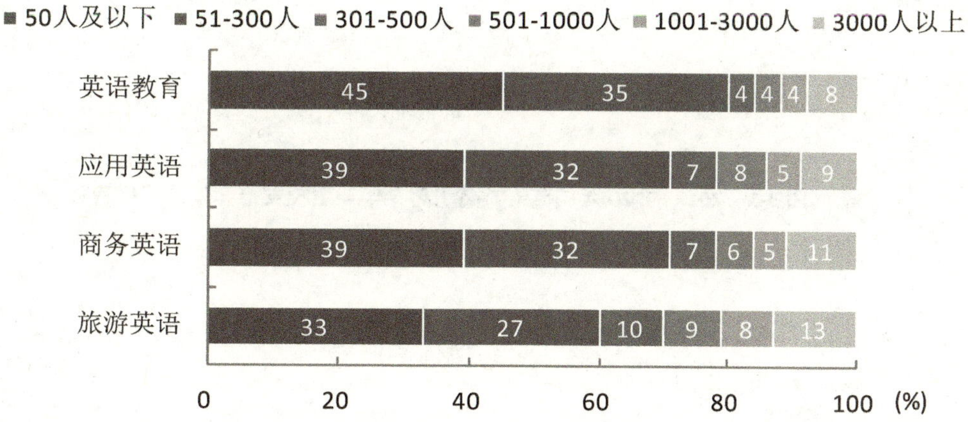

图 2-9　2012 届~2014 届各专业毕业生的用人单位规模分布（三届平均）

第三章　校友评价

一、　校友推荐度

校友推荐度：在同等分数同类型学校条件下，毕业生是否愿意推荐母校给亲戚朋友去就读。推荐度计算公式的分子是回答“愿意推荐”的人数，分母是回答“愿意推荐”、“不愿意推荐”、“不确定”的总人数。

1.　校友推荐度

英语类高职高专 2014 届毕业生愿意推荐母校的比例为 63%，比 2013 届、全国高职高专 2014 届（均为 61%）均高 2 个百分点，与 2012 届（64%）基本持平。英语类高职高专毕业生的校友推荐度连续三届均高于全国高职高专毕业生。

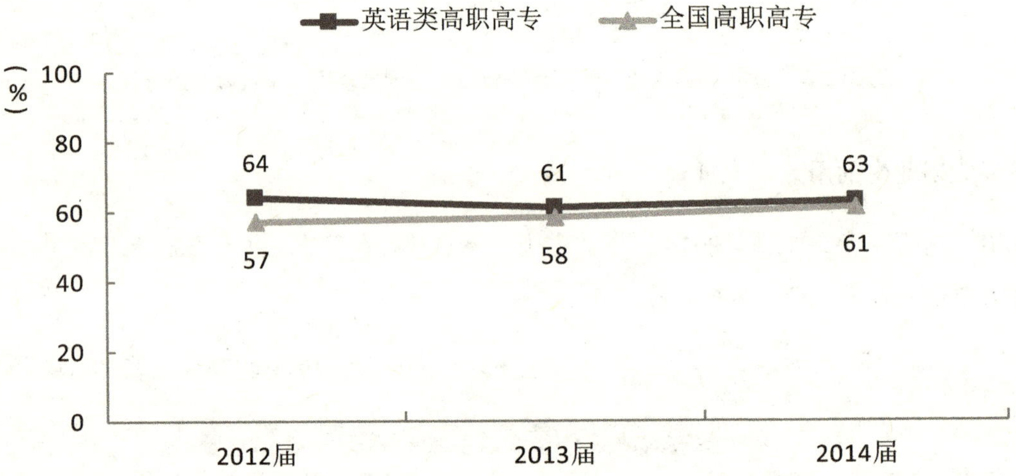

图 3-1　2012 届~2014 届英语类高职高专毕业生校友推荐度的变化趋势

2. 各专业愿意推荐母校的比例

英语类高职高专 2014 届毕业生愿意推荐母校比例较高的专业是商务英语（66%），愿意推荐母校比例较低的专业是应用英语（61%）。其中，商务英语、旅游英语专业毕业生的校友推荐度连续三届均高于全国高职高专毕业生，应用英语专业毕业生的校友推荐度连续三届持续下降。

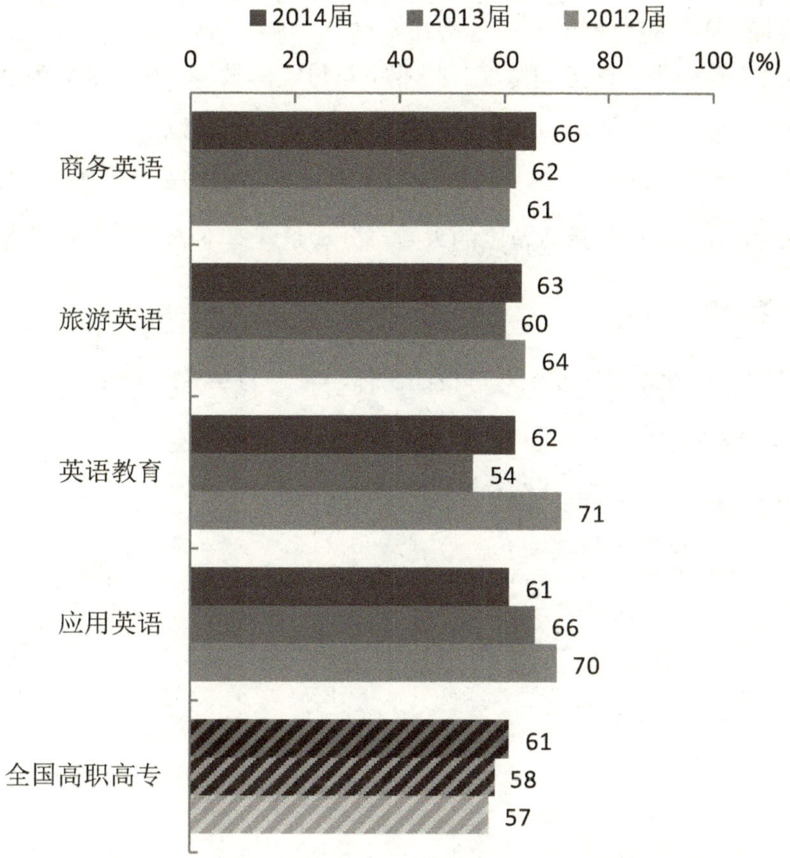

图 3-2 2012 届~2014 届各专业毕业生愿意推荐母校的人数%

二、 校友满意度

校友满意度： 毕业生对母校的总体满意度评价分为“无法评估”、“很不满意”、“不满意”、“满意”、“很满意”。其中“满意”、“很满意”属于满意的范围，“很不满意”、“不满意”属于不满意的范围。校友满意度是回答满意范围的人数百分比，计算公式的分子是回答满意范围的人数，分母是回答不满意范围和满意范围的总人数。

教学、学生工作和生活服务满意度： 毕业生对母校的教学、学生工作和生活服务满意度评价均分为“无法评估”、“很不满意”、“不满意”、“满意”、“很满意”。其中“满意”、“很满意”属于满意的范围，“很不满意”、“不满意”属于不满意的范围。满意度是回答满意范围的人数百分比，计算公式的分子是回答满意范围的人数，分母是回答不满意范围和满意范围的总人数。

1. 校友满意度评价

英语类高职高专2014届毕业生对母校的总体满意度为93%，比2013届（90%）高3个百分点，与2012届（92%）基本持平，比全国高职高专2014届（87%）高6个百分点。英语类高职高专毕业生的校友满意度连续三届均高于全国高职高专毕业生。

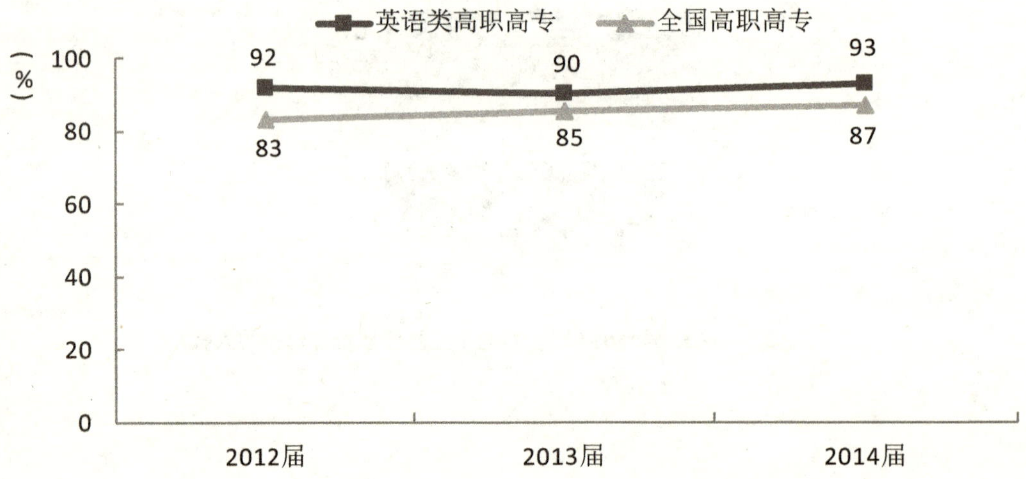

图3-3　2012届~2014届英语类高职高专毕业生校友满意度的变化趋势

2. **各专业对母校的满意度**

英语类高职高专 2014 届毕业生对母校满意度较高的专业为旅游英语（95%）。这四个专业的毕业生对母校的满意度连续三届均高于全国高职高专毕业生。

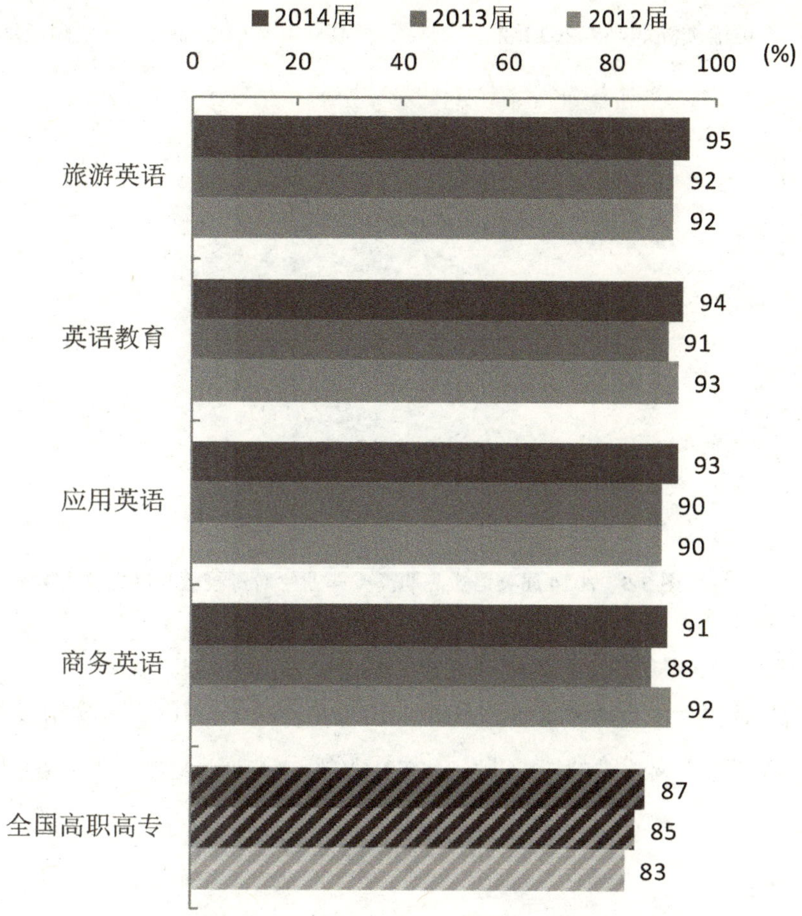

图 3-4 2012 届~2014 届各专业毕业生对母校满意的人数%

3. 教学满意度及改进方向

英语类高职高专 2014 届毕业生对母校的教学满意度为 92%，与 2013 届（92%）持平，比全国高职高专 2014 届（86%）高 6 个百分点。

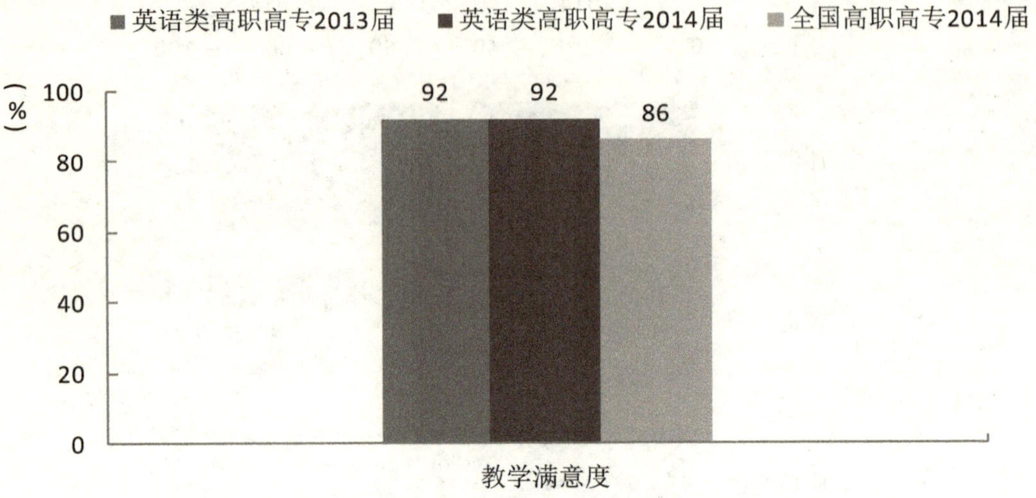

图 3-5　2014 届英语类高职高专毕业生对母校教学满意的人数%

英语类高职高专2014届毕业生认为母校的教学最需要改进的地方是“实习和实践环节不够”（68%），其后依次是“无法调动学生学习兴趣”（46%）、“课程内容不实用或陈旧”（32%）等。认为实习和实践环节需要改进的毕业生中，有 84%的人认为需要加强“专业技能相关实训”。

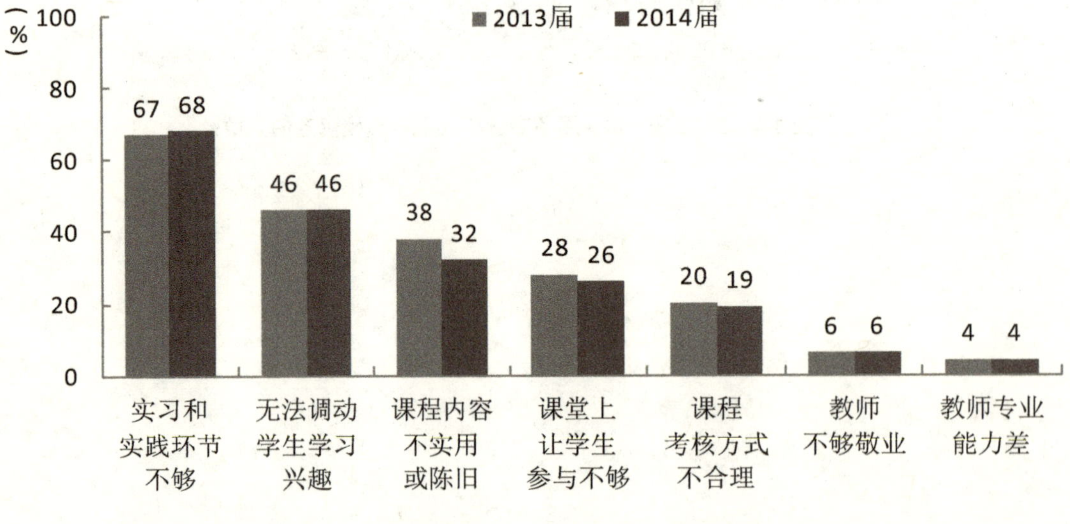

图 3-6　2013 届、2014 届英语类高职高专毕业生认为母校的教学需要改进的地方（多选）

如果毕业生认为实习和实践环节是母校教学最需要改进的地方，则将对实习和实践环节需加强的地方做出评价。

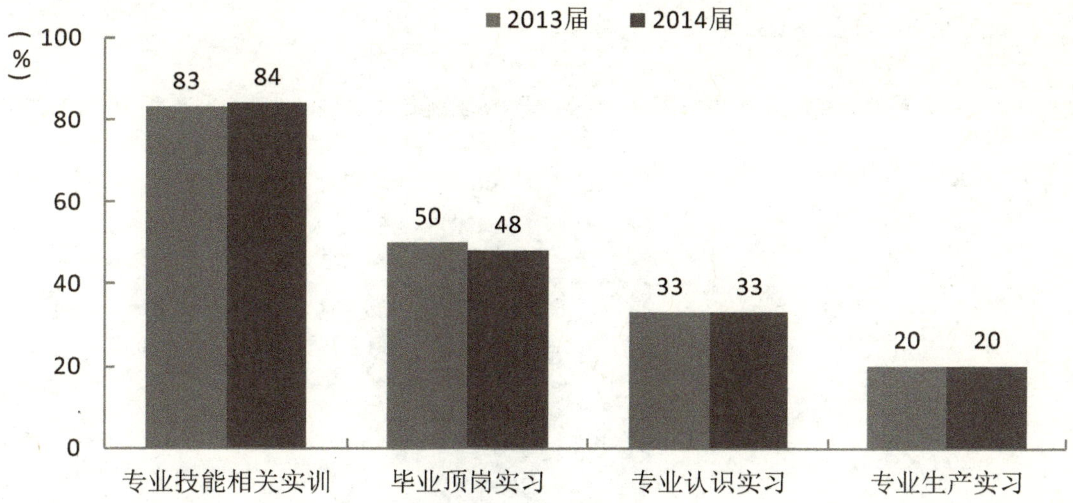

图 3-7　2013 届、2014 届英语类高职高专毕业生认为需要加强的实习和实践环节人数%（多选）

英语类高职高专 2014 届毕业生对母校教学满意度较高的专业是英语教育（95%）。这四个专业毕业生对母校的教学满意度连续两届均高于全国高职高专毕业生。

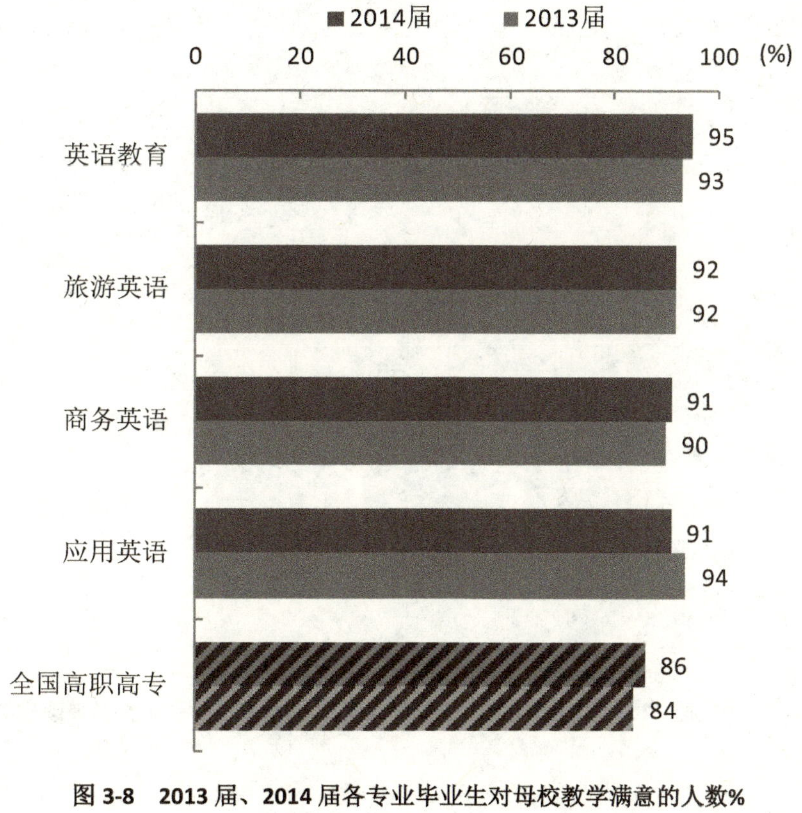

图 3-8　2013 届、2014 届各专业毕业生对母校教学满意的人数%

4. 学生工作满意度及改进方向

英语类高职高专 2014 届毕业生对母校的学生工作满意度为 89%，与 2013 届（89%）持平，比全国高职高专 2014 届（81%）高 8 个百分点。

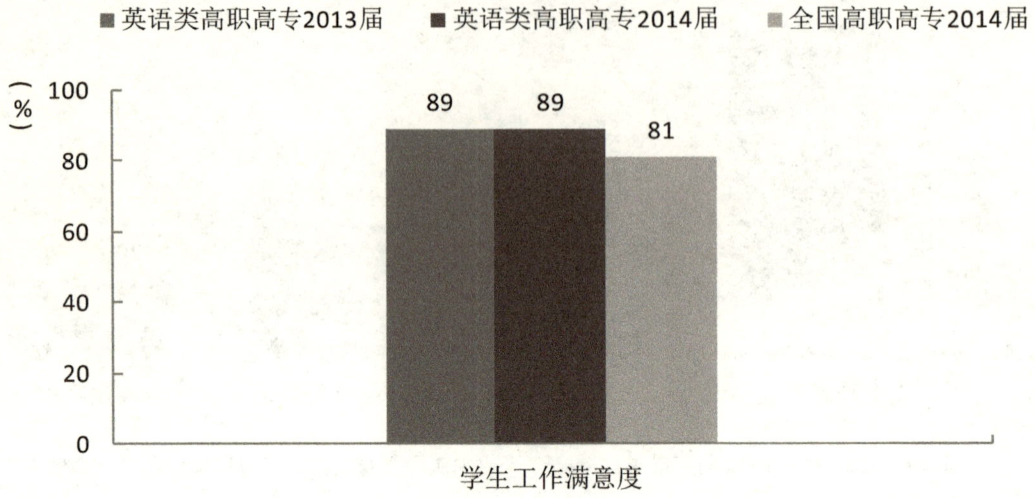

图 3-9 2014 届英语类高职高专毕业生对母校学生工作满意的人数%

英语类高职高专 2014 届毕业生认为母校的学生工作最需要改进的地方是“与辅导员或班主任接触时间太少”（47%），其后依次是“学生社团活动组织不够好”（34%）、“解决学生问题不及时”（33%）等。

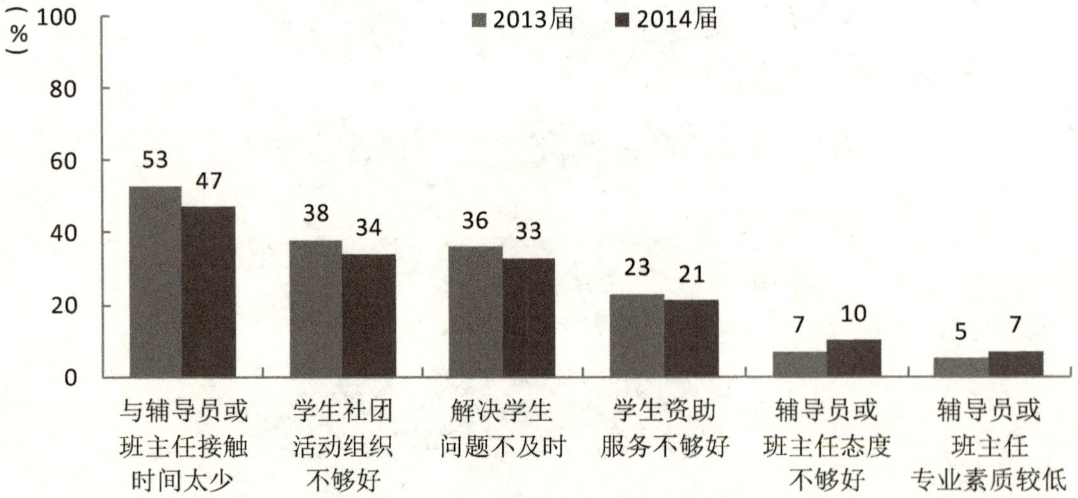

图 3-10 2013 届、2014 届英语类高职高专毕业生认为母校的学生工作需要改进的地方（多选）

英语类高职高专 2014 届毕业生对母校学生工作满意度较高的专业是旅游英语（91%），对母校学生工作满意度较低的专业是商务英语（87%）。这四个专业毕业生对母校的学生工作满意度连续两届均高于全国高职高专毕业生。

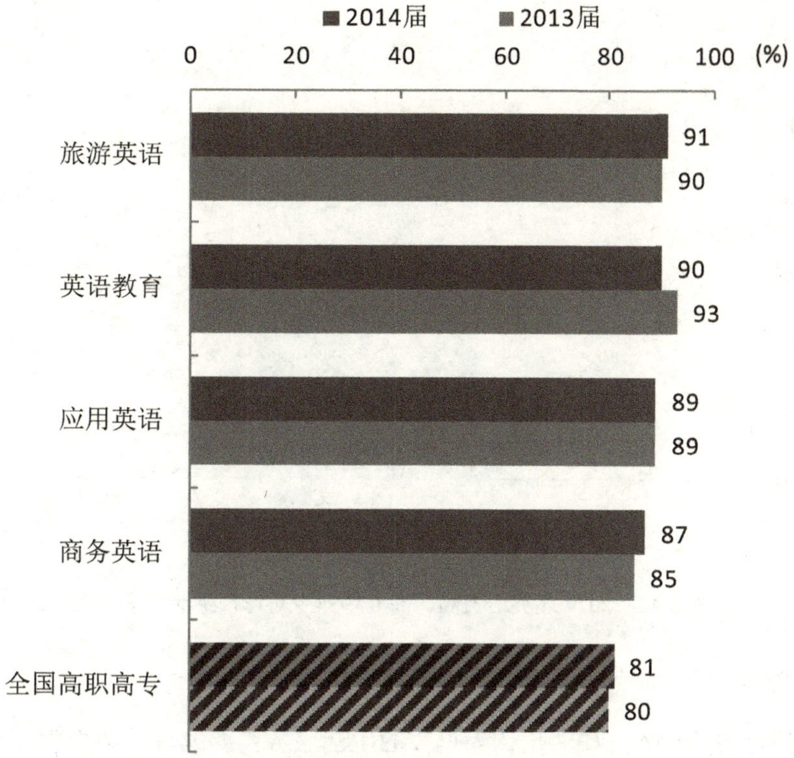

图 3-11　2013 届、2014 届各专业毕业生对母校学生工作满意的人数%

5. 生活服务满意度及改进方向

英语类高职高专 2014 届毕业生对母校的生活服务满意度为 86%，比 2013 届（84%）高 2 个百分点，比全国高职高专 2014 届（80%）高 6 个百分点。

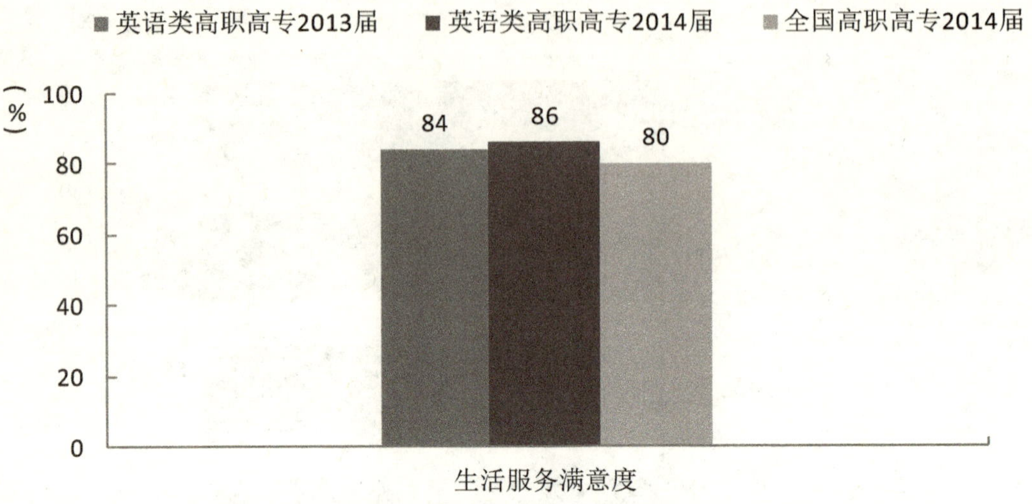

图 3-12 2014 届英语类高职高专毕业生对母校生活服务满意的人数%

英语类高职高专 2014 届毕业生认为母校的生活服务需要改进的地方主要是“食堂饭菜质量及服务不够好”（39%）、“学校洗浴服务不够好”（38%）、“学校医院或医务室服务不够好”（37%）等。

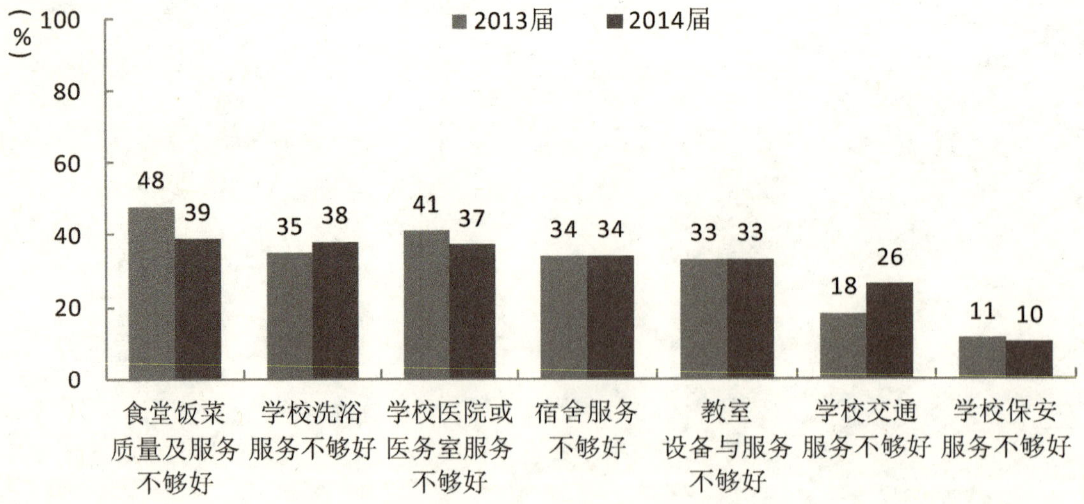

图 3-13 2013 届、2014 届英语类高职高专毕业生认为母校的生活服务需要改进的地方（多选）

英语类高职高专 2014 届毕业生对母校生活服务满意度较高的专业是旅游英语（88%），对母校生活服务满意度较低的专业是英语教育（84%）。这四个专业毕业生对母校的生活服务满意度连续两届均高于全国高职高专毕业生。

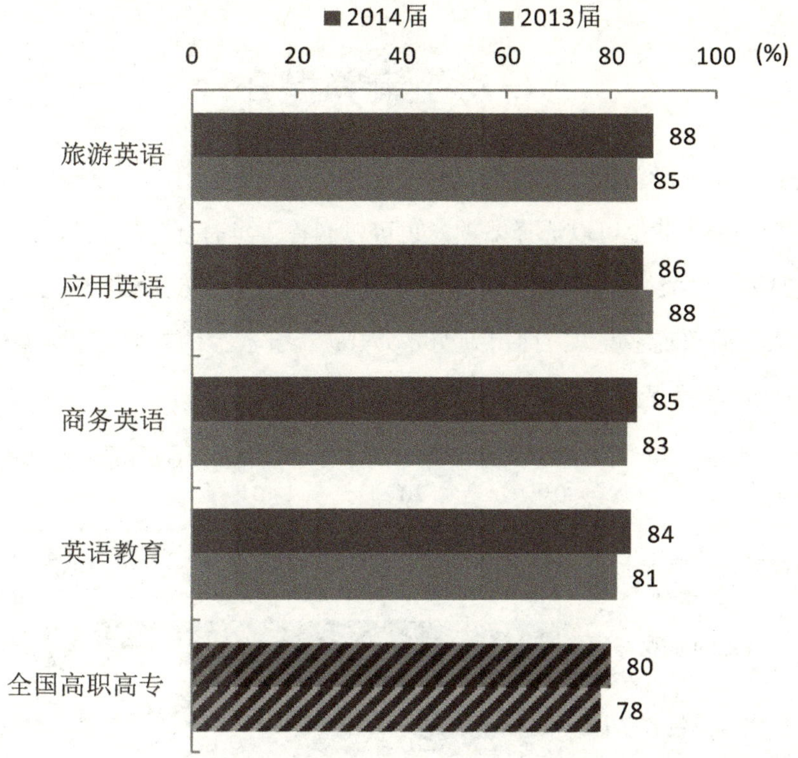

图 3-14　2013 届、2014 届各专业毕业生对母校生活服务满意的人数%

第四章　素养、工作能力、核心知识及社团活动分析

一、　素养提升

素养提升：是指大学帮助毕业生在素养方面的提升。毕业生回答大学帮助自己在哪些方面得到明显提升，一个毕业生可以选择多项，也可以回答“没有任何帮助”。

英语类高职高专 2014 届毕业生中，分别有 64%、63%的人表示大学帮助自己在“积极努力、追求上进”、“人生的乐观态度”方面得到明显提升；提升较少的方面是“人文美学”（25%）；有 4%的人表示大学对素养提升“没有任何帮助”。

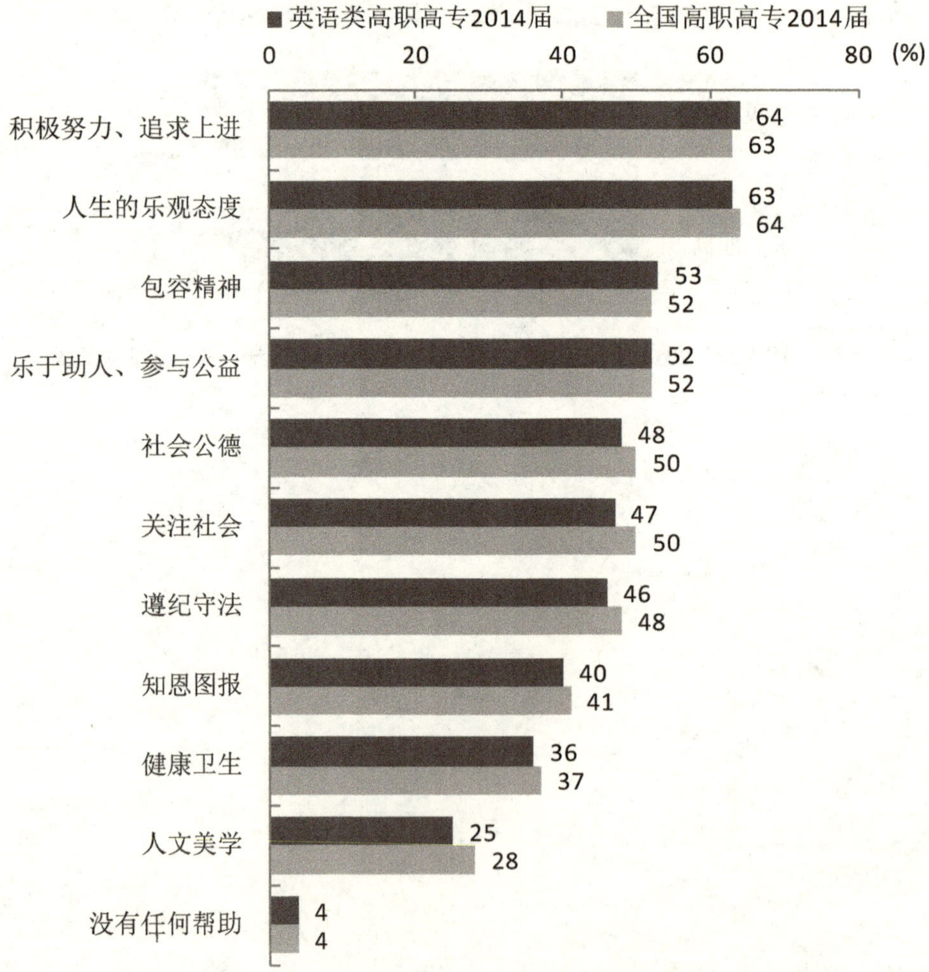

图 4-1　2014 届英语类高职高专毕业生大学期间的素养提升（多选）

注：全国高职高专 2014 届为除工程类、医学类、艺术类专业之外的数据。

二、 基本工作能力测评

基本工作能力：是指大学毕业生的 35 项基本工作能力，如表 4-1 中的描述与举例。不同的职业要求的基本工作能力不同。麦可思参考美国 SCANS 标准，对基本工作能力进行划分，不仅包括毕业生从事对应岗位所需要的专业技术能力，同时也包括毕业生职业迁移所需要的通识能力。

具体技能分类：麦可思通过建立基于 SCANS 标准的中国用人单位对大学毕业生基本工作能力需求模型，最终将 35 项基本工作能力划分为五大类能力，即理解与交流能力、科学思维能力、管理能力、应用分析能力、动手能力。如下图：

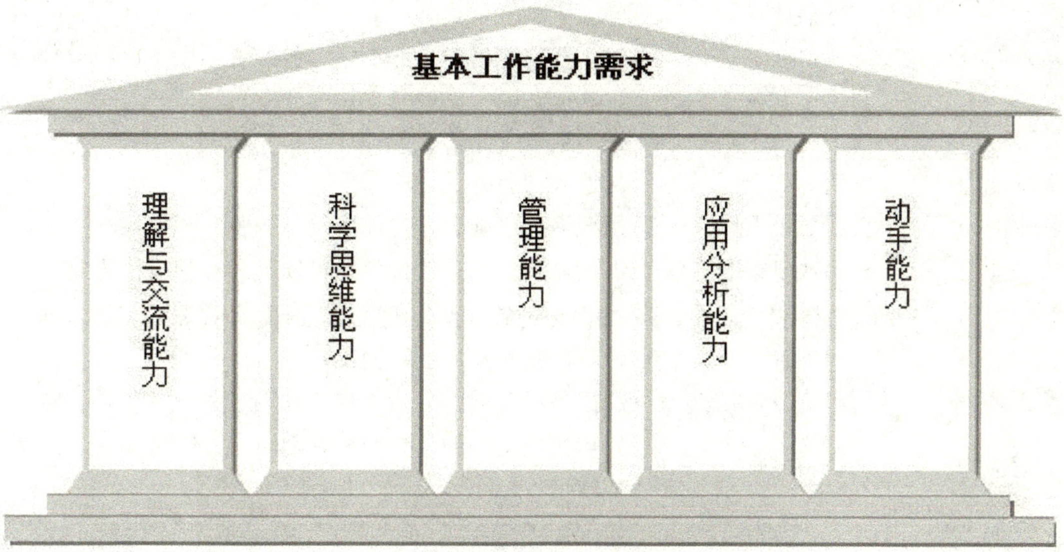

图 4-2 五大类能力

表 4-1　基本工作能力定义及序号

序号	五大类能力	名称	描述
1	理解与交流能力	理解性阅读	理解工作文件的句子和段落。
2	理解与交流能力	积极聆听	理解对方讲话的要点，适当地提出问题。
3	理解与交流能力	有效的口头沟通	交谈中有效果地传递信息。
4	理解与交流能力	积极学习	理解信息中的启示，用于解决问题，帮助做出决定。
5	理解与交流能力	学习方法	在训练和指导工作时选择方法与程序。
6	理解与交流能力	理解他人	关注并理解他人的反应。
7	理解与交流能力	服务他人	积极地寻找方法来帮助他人。
8	科学性思维能力	针对性写作	根据读者需求有效果地传递信息。
9	科学性思维能力	数学解法	用数学方法来解决问题。
10	科学性思维能力	科学分析	用科学的原理和方法来解决问题。
11	科学性思维能力	批判性思维	运用逻辑推理来判定解决问题的建议、结论和方法的优缺点。
12	管理能力	绩效监督	监督和评估自己、他人或组织的绩效以采取改进行动。
13	管理能力	协调安排	根据他人的需要调整工作安排。
14	管理能力	说服他人	说服他人改变想法或者行为。
15	管理能力	谈判技能	与他人沟通并且达成一致。
16	管理能力	指导他人	指导他人怎样去做一件事。
17	管理能力	解决复杂的问题	识别复杂问题并查阅信息以发现和评估解决方案。
18	管理能力	判断和决策	考虑各方案的成本和收益，决定最合适的方案。
19	管理能力	时间管理	管理自己和他人的时间。
20	管理能力	财务管理	决定怎样花钱以完成工作，并为这些开支记账核算。
21	管理能力	物资管理	如何按照工作的特定需要获得设备、厂房和材料，以及监督其合理使用。
22	管理能力	人力资源管理	在工作中激发、发展和指导人们的工作，寻找适合各项工作的人。
23	应用分析能力	新产品构思	分析需求和生产的可能性以开发出新产品。
24	应用分析能力	技术设计	按要求设计和修改设备与技术。
25	应用分析能力	设备选择	决定使用哪一种工具和设备来做一项工作。
26	应用分析能力	质量控制分析	对产品、服务或工作程序进行测试和检查以评价其质量和绩效。
27	应用分析能力	操作监控	监视仪表、控制器和其他指示器以保证机器正常运行。
28	应用分析能力	操作和控制	控制设备和系统的运行。
29	应用分析能力	设备维护	对设备进行日常维护并决定什么时候进行何种维护。
30	应用分析能力	疑难排解	判断出操作错误的产生原因并决定纠错对策。
31	应用分析能力	系统分析	判定变化对一个系统运行结果的影响。
32	应用分析能力	系统评估	识别系统绩效的评估方法或指标，根据系统目标制订行动来改进系统表现。
33	动手能力	安装能力	按照特定要求来安装设备、机器、管线或程序。
34	动手能力	电脑编程	为各种目的编写电脑程序。
35	动手能力	维修机器和系统	使用必要的工具来修理机器和系统。

基本工作能力的重要度：用于定义毕业半年后正在工作的大学毕业生所理解的 35 项基本工作能力在其岗位工作中的重要程度，分为“不重要”、“有些重要”、“重要”、“非常重要”和“极其重要”5 个层次，数据处理时把重要性处理为百分比，0 代表“不重要”、25%代表“有些重要”、50%代表“重要”、75%代表“非常重要”、100%代表“极其重要”。

基本工作能力的工作要求水平：用于定义毕业半年后正在工作的大学毕业生所理解的工作对 35 项基本工作能力的要求级别，从低到高分为一级到七级，一级代表该能力的最低水平，取值 1/7；七级代表该能力的最高水平，取值 1，最高水平是初级和中级职业人员达不到的。为了帮助答题人自评级别，问卷在一到七级中分别举了三个例子，以帮助答题人理解能力差别。这些举例是国外研究能力级别时积累多年经验而设计的。其中数值处于[0，42%]为低等水平，处于[42%，71%]为中等水平，处于[71%，100%]为高等水平。

基本工作能力的毕业时掌握水平：用于定义毕业半年后正在工作的大学毕业生所理解的 35 项基本工作能力在刚毕业时实际掌握的级别，从低到高分为一级到七级。取值同上面的工作要求的水平。

基本工作能力的满足度：指毕业时掌握的基本工作能力水平满足社会初始岗位的工作要求水平的百分比，100%为完全满足。满足度计算公式的分子是毕业时掌握的基本工作能力水平，分母是工作要求的水平。

1. 基本工作能力总体满足度

英语类高职高专 2014 届毕业生的总体能力满足度为 84%，与 2013 届（83%）基本持平，比全国高职高专 2014 届（82%）高 2 个百分点。

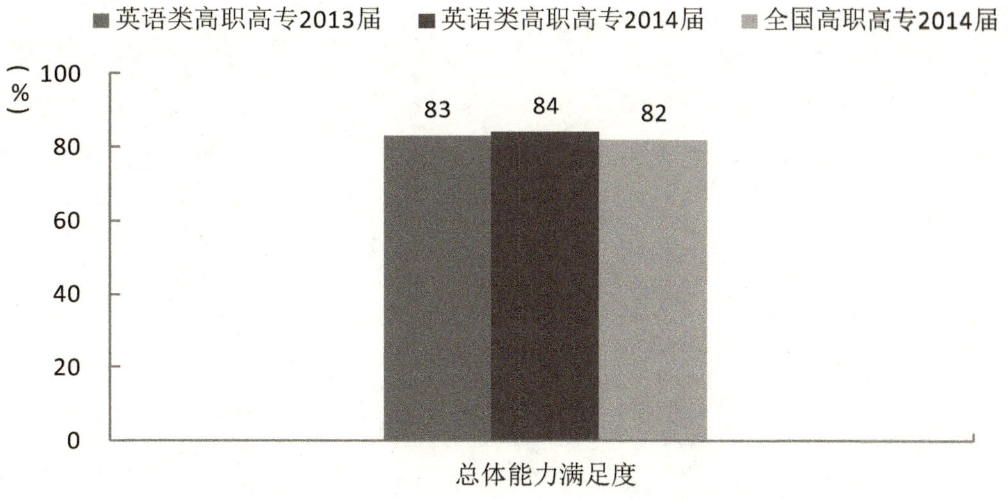

图 4-3　2014 届英语类高职高专毕业生的基本工作能力的总体满足度

2. 五大能力群的能力满足度

英语类高职高专 2014 届毕业生的五大能力群中，科学思维能力、理解与交流能力、管理能力、应用分析能力的满足度分别为 86%、85%、84%、83%，这四大能力群的能力满足度均高于全国高职高专毕业生。

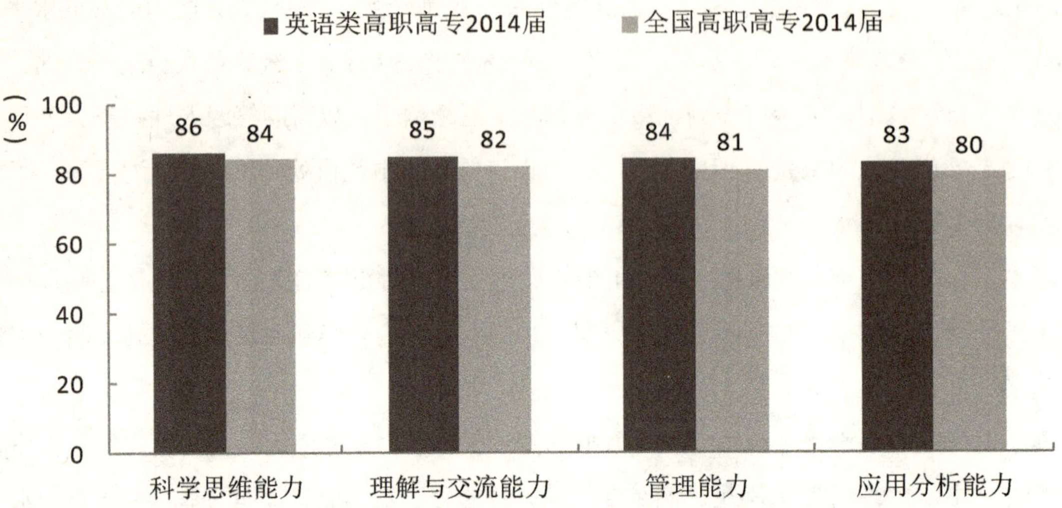

图 4-4 2014 届英语类高职高专毕业生五大能力群的能力满足度

注 1：五大类能力的满足度是用重要度加权计算的，不是基本能力满足度的简单平均。
注 2：英语类高职高专 2014 届动手能力的满足度因回答该问题的样本数较少，所以没有包括在图中。

3. 基本工作能力的重要度

英语类高职高专 2012 届~2014 届毕业生认为重要度较高的基本工作能力是有效的口头沟通（73%），其满足度为 84%。

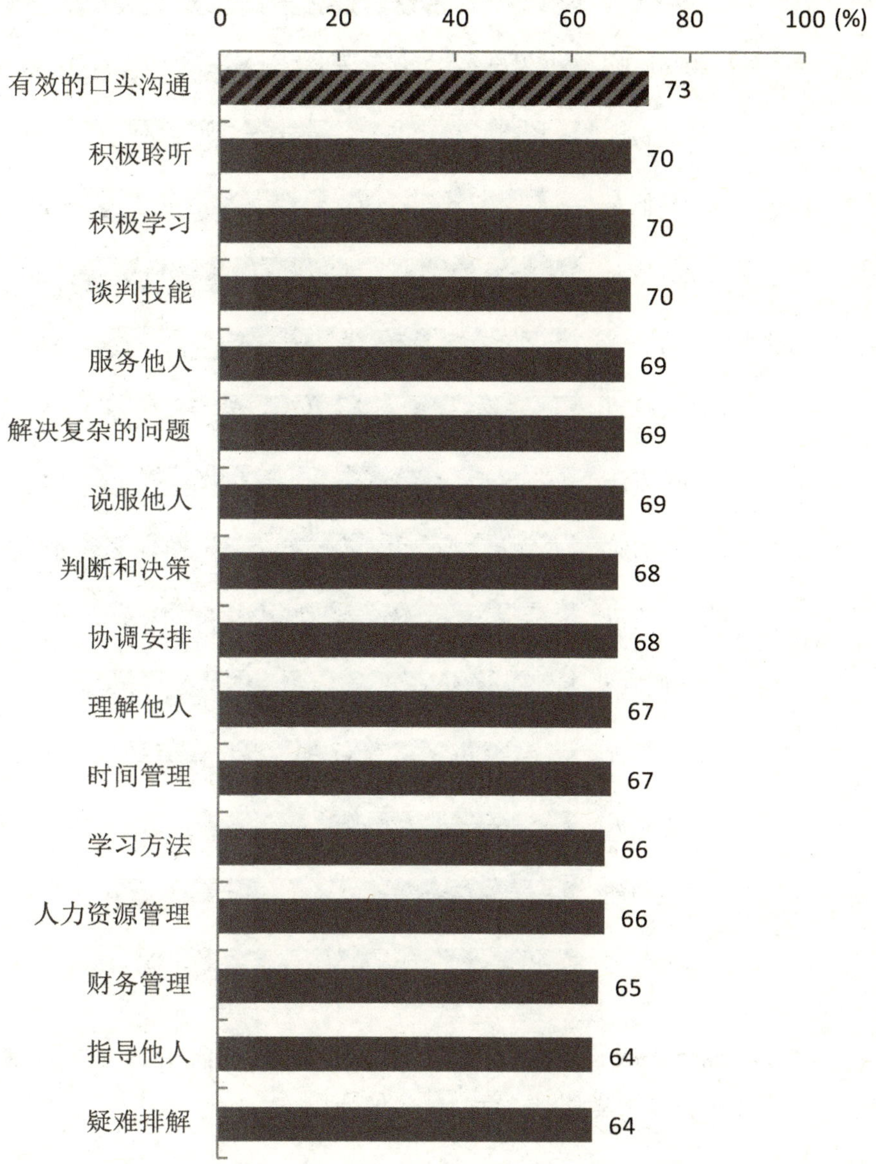

图 4-5 2012 届~2014 届英语类高职高专毕业生基本工作能力的重要度（三届平均）

注：加斜线图案表示重要度较高的基本工作能力。

4. 基本工作能力的满足度

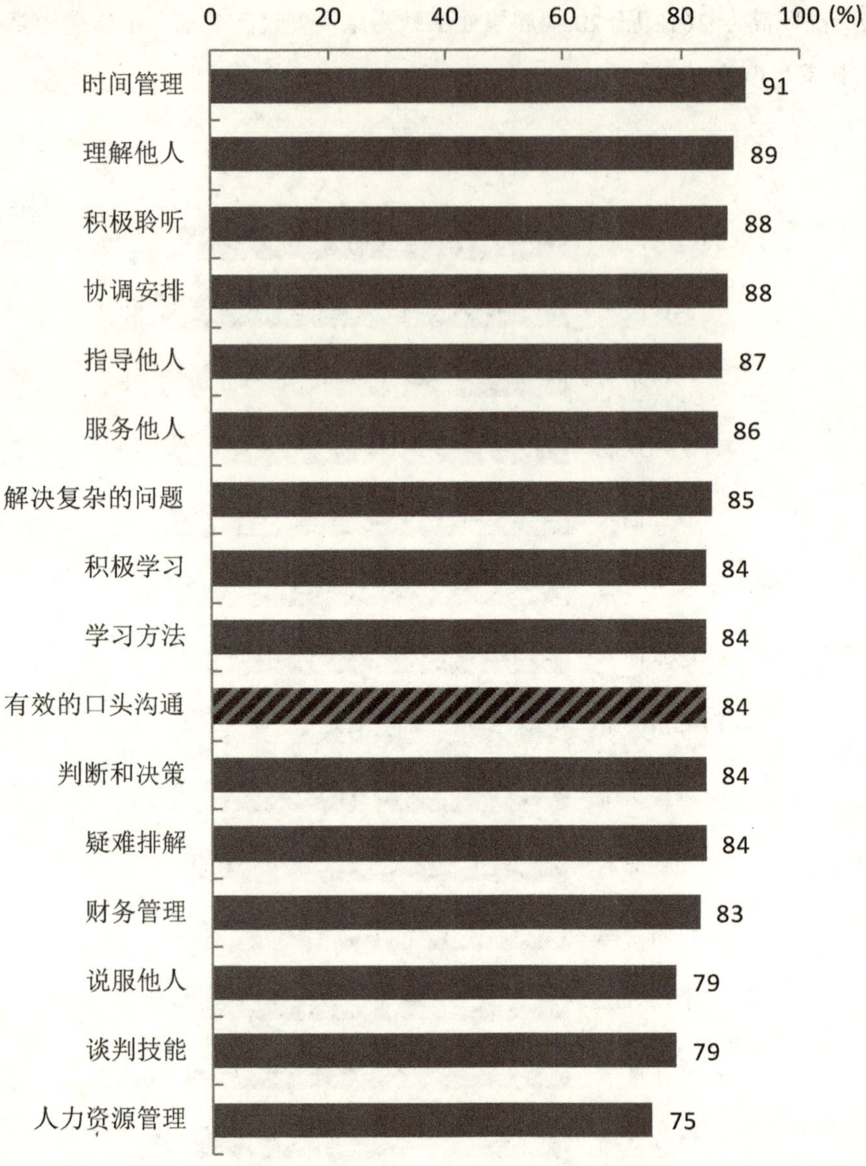

图 4-6 2012 届~2014 届英语类高职高专毕业生基本工作能力的满足度（三届平均）

注：加斜线图案表示重要度较高的基本工作能力所对应的满足度。

5. 各专业毕业生认为最重要的前 3 项基本工作能力

表 4-2　2012 届~2014 届英语类高职高专各专业毕业生最重要的前 3 项基本工作能力（三届平均）

专业名称	TOP3	该专业最重要的前 3 项基本工作能力	该项能力的满足度（%）
旅游英语	1	说服他人	83
	2	有效的口头沟通	88
	3	解决复杂的问题	89
商务英语	1	有效的口头沟通	84
	2	积极聆听	88
	3	积极学习	84
英语教育	1	积极聆听	84
	2	有效的口头沟通	83
	3	积极学习	85
应用英语	1	谈判技能	77
	2	有效的口头沟通	83
	3	服务他人	83

6. 从事不同职业的毕业生认为最重要的前 3 项基本工作能力

表 4-3　2012 届~2014 届英语类高职高专从事不同职业的毕业生最重要的前 3 项基本工作能力(三届平均)

职业名称	TOP3	该职业最重要的前 3 项基本工作能力	该项能力的满足度（%）
餐饮服务生	1	有效的口头沟通	78
	2	积极聆听	90
	3	服务他人	84
初中教师	1	指导他人	87
	2	有效的口头沟通	92
	3	理解他人	89
导游	1	有效的口头沟通	95
	2	解决复杂的问题	89
	3	积极学习	87
翻译员	1	有效的口头沟通	88
	2	积极聆听	90
	3	积极学习	87
行政秘书和行政助理	1	积极学习	86
	2	有效的口头沟通	85
	3	学习方法	89

职业名称	TOP3	该职业最重要的前 3 项基本工作能力	该项能力的满足度（%）
会计	1	有效的口头沟通	81
	2	积极学习	89
	3	财务管理	77
客服专员	1	积极聆听	84
	2	有效的口头沟通	79
	3	服务他人	81
其他销售代表、服务商	1	有效的口头沟通	82
	2	积极学习	81
	3	谈判技能	72
文员	1	有效的口头沟通	84
	2	积极聆听	87
	3	积极学习	84
销售代表（批发和制造业，不包括科技类产品）	1	有效的口头沟通	85
	2	谈判技能	79
	3	积极学习	83
小学教师	1	积极学习	85
	2	学习方法	82
	3	理解他人	89
预订票务代理和旅游服务人员	1	有效的口头沟通	84
	2	积极学习	81
	3	解决复杂的问题	83
中等职业教育教师	1	服务他人	93
	2	有效的口头沟通	84
	3	学习方法	85

7. 就业于不同行业的毕业生认为最重要的前 3 项基本工作能力

表 4-4 2012 届~2014 届英语类高职高专就业于不同行业的毕业生最重要的前 3 项基本工作能力（三届平均）

行业名称	TOP3	该行业最重要的前 3 项基本工作能力	该项能力的满足度（%）
旅客住宿业	1	有效的口头沟通	79
	2	积极聆听	86
	3	服务他人	80
旅游房车及野营业	1	有效的口头沟通	91
	2	解决复杂的问题	79
	3	积极学习	78

行业名称	TOP3	该行业最重要的前 3 项基本工作能力	该项能力的满足度（%）
其他个人服务业	1	有效的口头沟通	85
	2	积极学习	86
	3	谈判技能	86
其他学院和培训机构	1	有效的口头沟通	82
	2	学习方法	79
	3	积极学习	83
幼儿园与学前教育机构	1	有效的口头沟通	84
	2	理解他人	89
	3	积极学习	83
中小学教育机构	1	有效的口头沟通	84
	2	积极学习	88
	3	学习方法	85

三、 核心知识测评

表 4-5　知识定义及序号

序号	名称	描述
1	行政与管理	关于战略规划、资源分配、人力资源、领导技巧、生产方法、人员与资源协调的商业管理原理。
2	生物学	关于动植物有机体的组织、细胞、功能的知识，包括生物体的自相互作用及其与环境的依赖和相互作用。
3	化学	关于物质的化学组成、结构、性质、化学反应及变化的知识，包括掌握化学物品的危险特征、制备方法以及安全处理方法。
4	文秘	关于行政和文书记录程序和系统的知识，例如：文字处理、文件记录归档、速记和誊写、表格设计等，还要掌握其他一些办公程序和专门用语。
5	传播与媒体	关于传媒制作、交流、传播技术和方法的知识，包括通过书面、口头和可视媒体等方式来传达信息或娱乐受众。
6	计算机与电子学	关于线路板、处理器、芯片、电子设备和电脑软硬件的知识，包括关于应用软件和编程方面的知识。
7	消费者服务与个人服务	关于向顾客、个人提供服务的原理及过程的知识，这包括评估顾客需求以达到服务质量标准，并确定顾客的满意程度。
8	设计	关于在精密技术方案、蓝图、绘图和模型中所涉及的设计技术、工具和原理的知识。
9	经济学与会计	关于经济学和会计学的原理与实践，涉及金融市场、银行业以及对金融数据进行分析和报告的知识。
10	教育与培训	关于课程设置和培训的原理和方法，教授和指导个人及团体，以及评估培训效果的知识。
11	工程与技术	关于工程科技的实际应用的知识，这包括应用原理、技术、程序、设计和生产多种产品和服务所用的设备。
12	中文语言	关于汉语语言结构和内容的知识，包括词的意义和书写、构成规则和语法。
13	美术	关于音乐、舞蹈、视觉艺术、戏剧和雕塑等艺术作品的创作、制作和表现中所涉及的理论和技术知识。
14	外国语	关于一门外语语言结构和内容的知识，包括单词的意义和拼写、构成规则、语法和发音。
15	地理学	关于描述陆地、海洋、大气特征的原理和方法的知识，包括其物理特征、位置、相互关系，以及关于植物、动物和人类分布的知识。
16	历史学与考古学	关于历史事件及其起因、标志，以及对文明和文化的影响的知识。
17	法律与政府	关于法律、法规、法庭程序、判例、政府规定、行政指令、机构规则和民主政治进程的知识。
18	数学	关于算术、代数、几何、微积分、统计及其应用的知识。
19	机械	关于机械和工具的知识，包括其设计、使用、修理和保养。
20	人事与人力资源	关于招聘、选拔、培训、薪酬福利、劳动关系和谈判、人事信息系统的知识。
21	哲学	关于不同哲学系统和宗教流派的知识，包括基本原理、价值观、道德观、思考方式、习俗、惯例及其对人类文化的影响。
22	物理学	关于物质世界的原理、定理和物质相互作用的知识和预测，以及通过实验手段去了解的关于物质、大气运动、机械、电子、原子和亚原子结构与过程的知识。

序号	名称	描述
23	生产与加工	关于原材料、生产过程、质量控制、成本和其他知识，并使有限物资有效和最大限度地应用到制造和分配货物中。
24	心理学	关于人类行为和表现，能力、个性和兴趣的个体差异，学习与动机，心理研究方法，以及对行为和情感紊乱的评价和治疗的知识。
25	营销与沟通	关于展示、促销产品及服务的原则和方法的知识，包括营销策略、产品展示、销售技巧及销售控制体系。
26	社会学和人类学	关于群体行为和动力学、社会趋势和影响、人类迁徙，以及种族、文化及其历史和起源的知识。
27	电信学	关于电信体系中传输、播报、转换、控制和运营的知识。
28	治疗与保健咨询	关于身体和精神功能紊乱的诊断、治疗、复健，以及职业咨询与指导的原则、方法和程序的知识。

核心知识：是指英语类高职高专毕业生工作中较重要的知识。麦可思参考美国 SCANS 标准，对核心知识进行划分，不仅包括毕业生从事对应岗位所需要的专业知识，同时也包括毕业生职业迁移所需要的通识知识。

核心知识的重要度：用于定义毕业半年后正在工作的大学毕业生所理解的各项知识在其岗位工作中的重要程度，分为“不重要”、“有些重要”、“重要”、“非常重要”和“极其重要”5个层次，数据处理时把重要性处理为百分比，0 代表“不重要”、25%代表“有些重要”、50%代表“重要”、75%代表“非常重要”、100%代表“极其重要”。

核心知识的工作要求水平：用于定义毕业半年后正在工作的大学毕业生所理解的工作对各项知识的要求级别，从低到高分为一级到七级，一级代表该知识的最低水平，取值 1/7；七级代表该知识的最高水平，取值 1，最高水平是初级和中级职业人员达不到的。为了帮助答题人自评级别，问卷在一到七级中分别举了三个例子，以帮助答题人理解知识差别。这些举例是国外研究知识级别时积累多年经验而设计的。其中数值处于[0，42%]为低等水平，处于[42%，71%]为中等水平，处于[71%，100%]为高等水平。

核心知识的毕业时掌握水平：用于定义毕业半年后正在工作的大学毕业生所理解的各项知识在刚毕业时实际掌握的级别，从低到高分为一级到七级。取值同上面的工作要求的水平。

核心知识的满足度：毕业时掌握的核心知识水平满足社会初始岗位的工作要求水平的百分比，100%为完全满足。满足度计算公式的分子是毕业时掌握的核心知识水平，分母是工作要求的水平。

1. 知识的总体满足度

英语类高职高专 2014 届毕业生的总体知识满足度为 83%，与 2013 届（82%）基本持平，比全国高职高专 2014 届（81%）高 2 个百分点。

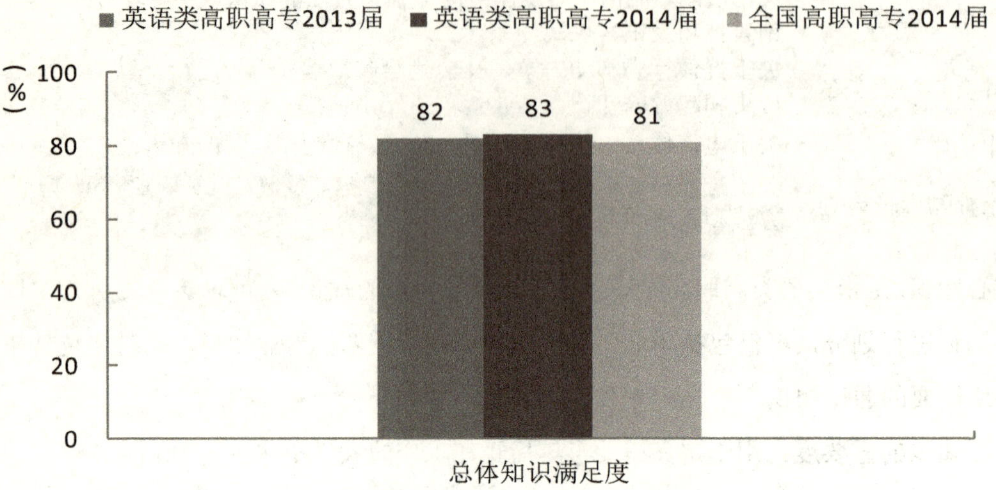

图 4-7 2014 届英语类高职高专毕业生的总体知识满足度

2. 核心知识的重要度

英语类高职高专 2012 届~2014 届毕业生认为重要度较高的知识是外国语（68%）、营销与沟通（65%），其相应的满足度分别为 87%、76%。

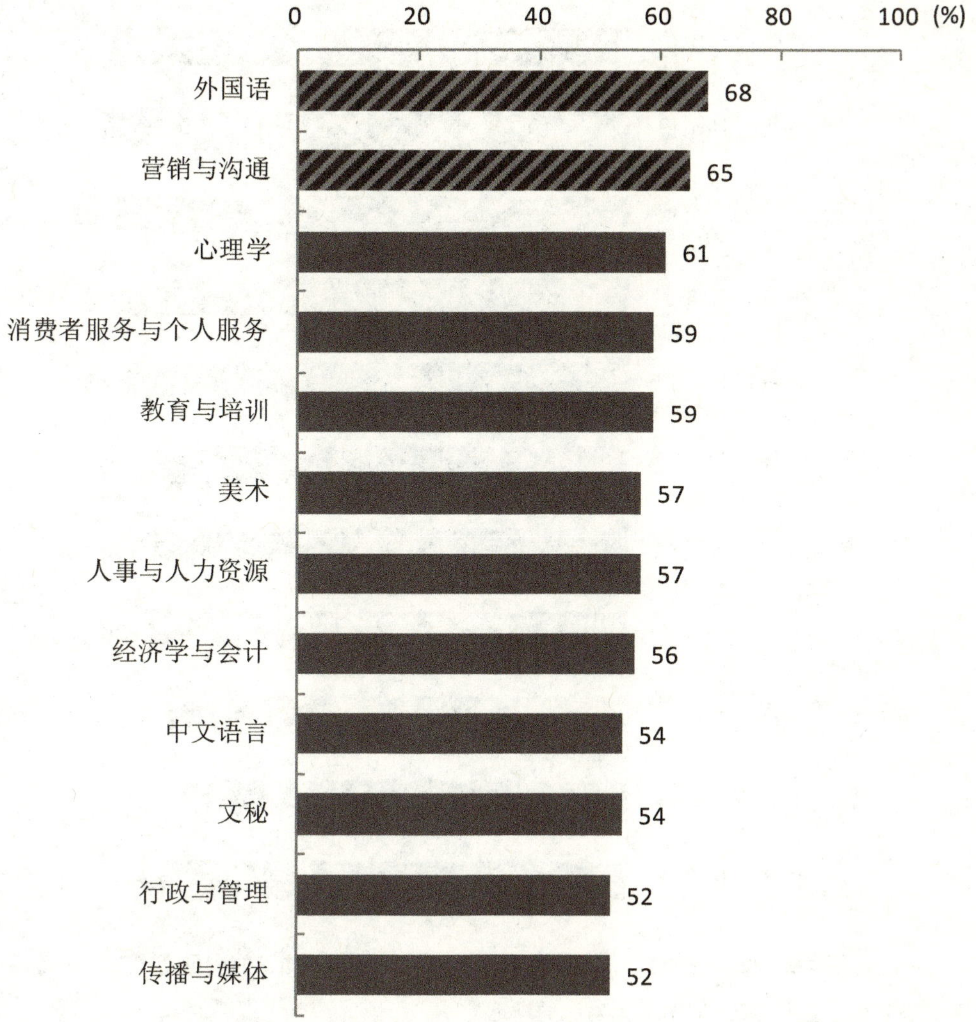

图 4-8 2012 届~2014 届英语类高职高专毕业生核心知识的重要度（三届平均）

注：加斜线图案表示重要度较高的知识。

3. 核心知识的满足度

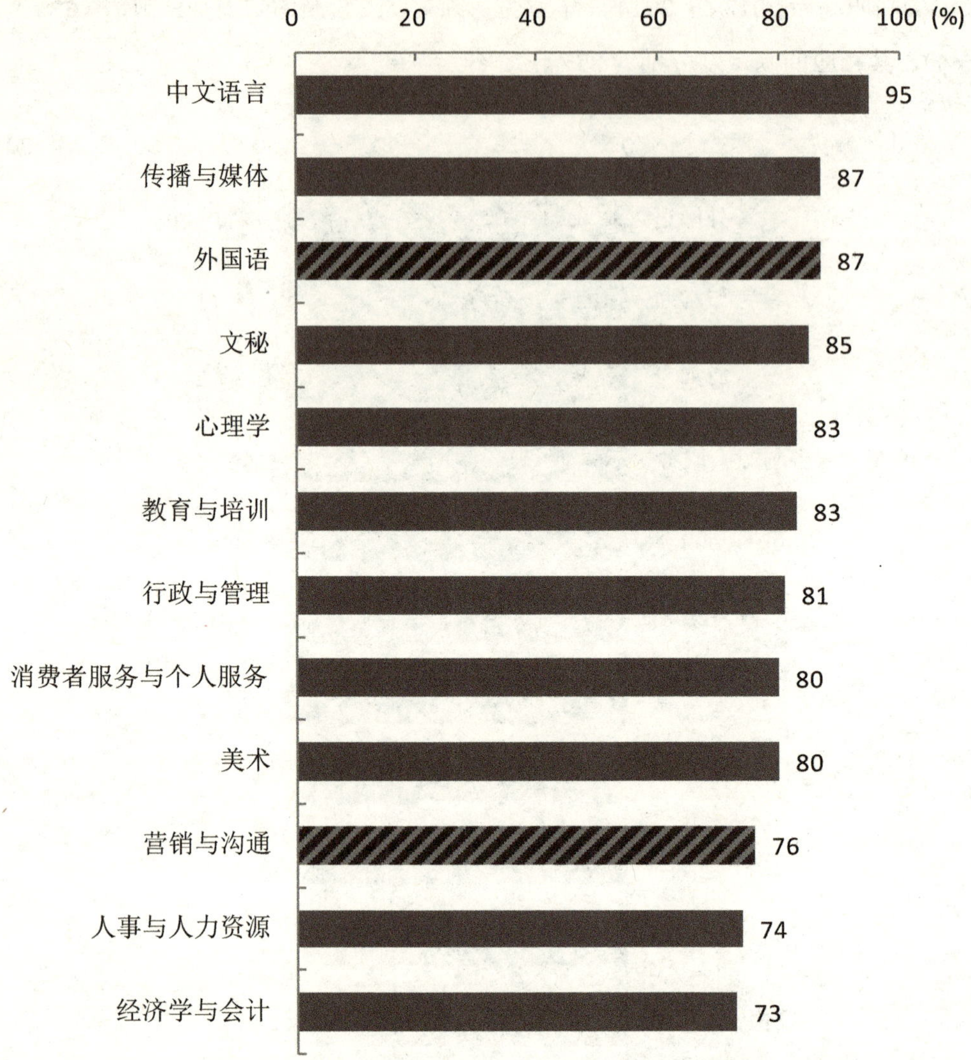

图 4-9 2012 届~2014 届英语类高职高专毕业生核心知识的满足度（三届平均）

注：加斜线图案表示重要度较高的知识所对应的满足度。

4. 各专业毕业生认为最重要的前 3 项核心知识

表 4-6 2012 届~2014 届英语类高职高专各专业毕业生最重要的前 3 项核心知识（三届平均）

专业名称	TOP3	该专业最重要的前 3 项核心知识	该项知识的满足度（%）
旅游英语	1	外国语	88
	2	心理学	87
	3	营销与沟通	85
商务英语	1	外国语	87
	2	营销与沟通	75
	3	心理学	80
英语教育	1	外国语	90
	2	心理学	87
	3	教育与培训	85
应用英语	1	外国语	85
	2	营销与沟通	77
	3	教育与培训	80

5. 从事不同职业的毕业生认为最重要的前 3 项核心知识

表 4-7 2012 届~2014 届英语类高职高专从事不同职业的毕业生最重要的前 3 项核心知识（三届平均）

职业名称	TOP3	该职业最重要的前 3 项核心知识	该项知识的满足度（%）
餐饮服务生	1	消费者服务与个人服务	71
	2	营销与沟通	74
	3	中文语言	100
初中教师	1	心理学	77
	2	教育与培训	85
	3	中文语言	87
导游	1	消费者服务与个人服务	87
	2	营销与沟通	80
	3	中文语言	99
翻译员	1	外国语	87
	2	中文语言	100
	3	消费者服务与个人服务	84
行政秘书和行政助理	1	行政与管理	80
	2	文秘	80
	3	中文语言	89

职业名称	TOP3	该职业最重要的前3项核心知识	该项知识的满足度（%）
会计	1	经济学与会计	76
	2	计算机与电子学	92
	3	行政与管理	83
客服专员	1	消费者服务与个人服务	77
	2	营销与沟通	73
	3	心理学	83
其他销售代表、服务商	1	营销与沟通	75
	2	消费者服务与个人服务	75
	3	心理学	79
文员	1	文秘	82
	2	中文语言	95
	3	消费者服务与个人服务	84
销售代表（批发和制造业，不包括科技类产品）	1	外国语	83
	2	营销与沟通	74
	3	消费者服务与个人服务	76
小学教师	1	教育与培训	83
	2	外国语	89
	3	心理学	86
预订票务代理和旅游服务人员	1	消费者服务与个人服务	80
	2	营销与沟通	81
	3	中文语言	100
中等职业教育教师	1	心理学	85
	2	教育与培训	85
	3	中文语言	93

6. 就业于不同行业的毕业生认为最重要的前3项核心知识

表4-8 2012届~2014届英语类高职高专就业于不同行业的毕业生最重要的前3项核心知识（三届平均）

行业名称	TOP3	该行业最重要的前3项核心知识	该项知识的满足度（%）
中小学教育机构	1	外国语	88
	2	教育与培训	85
	3	心理学	87
其他学院和培训机构	1	外国语	84
	2	教育与培训	76
	3	心理学	76

行业名称	TOP3	该行业最重要的前 3 项核心知识	该项知识的满足度（%）
幼儿园与学前教育机构	1	心理学	85
	2	教育与培训	81
	3	行政与管理	88
其他个人服务业	1	消费者服务与个人服务	84
	2	营销与沟通	86
	3	心理学	95
旅客住宿业	1	消费者服务与个人服务	73
	2	外国语	88
	3	中文语言	91
旅游房车及野营业	1	消费者服务与个人服务	83
	2	中文语言	96
	3	营销与沟通	75

四、 社团活动满意度

社团活动：是指毕业生大学期间参加过哪些类社团活动，一个毕业生可以选择多类社团活动，也可以回答“没有参加任何社团活动”。社团活动包括：“学术科技类（如：统计协会、哲学社、英语角等）”、“社会实践类（如：创业协会等）”、“公益类（如：志愿者协会等）”、“社交联谊类”、“文化艺术类（如：文学社、书画协会等）”、“表演艺术类（如：演讲与口才、歌舞戏剧、声乐器乐协会等）”、“体育户外类”。

社团活动满意度：毕业生选择了某类社团活动后，会被要求评价对该类社团活动是否满意。社团活动满意度=参加过该类社团活动并表示满意的人数/参加过该类社团活动的人数。

英语类高职高专 2014 届毕业生在校期间，参加过公益类、学术科技类社团活动的比例（分别为 29%、28%）较高，其中，参加过公益类社团活动的比例与 2013 届（28%）基本持平，参加过学术科技类社团活动的比例低于 2013 届（33%）；参加过社会实践类和社交联谊类社团活动的比例（均为 10%）均较低，均低于 2013 届（均为 12%）；另外，有 24%的人表示没有参加任何社团活动，与 2013 届（23%）基本持平。

其中，公益类社团活动的满意度（87%）最高，与 2013 届（87%）持平；学术科技类社团活动的满意度（72%）最低，与 2013 届（73%）基本持平。

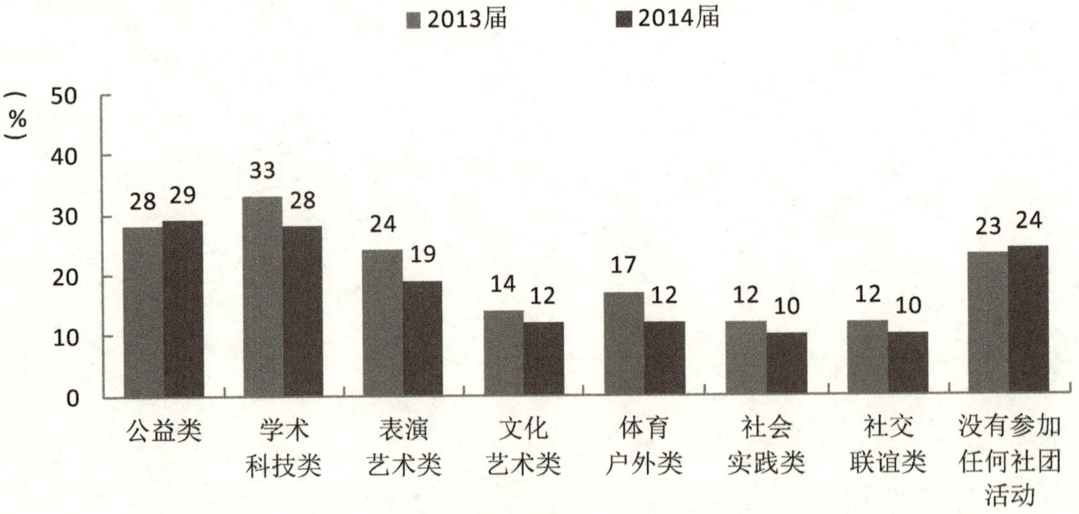

图 4-10 2013 届、2014 届英语类高职高专毕业生参加社团活动的比例（多选）

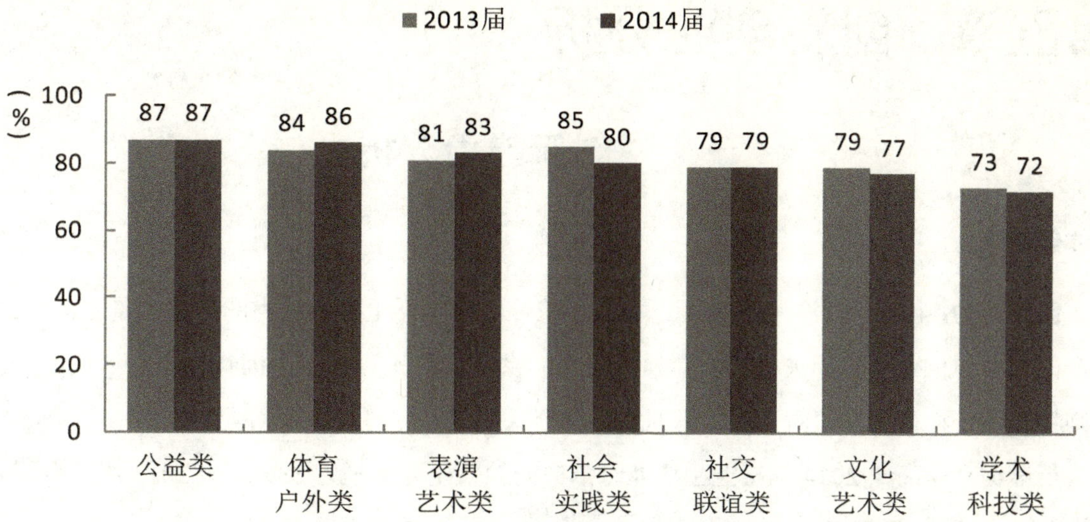

图 4-11　2013 届、2014 届英语类高职高专毕业生的社团活动满意度

第五章　创新创业分析

一、　创新能力分析

总体创新能力

创新能力：除了五大类别的能力，高校还应该加强对学生创新能力的培养。麦可思将 35 项工作能力中与创新能力相关的几项单独列出来，供高校了解与参考。创新能力包括科学分析、批判性思维、积极学习、新产品构思四种能力。

英语类高职高专 2014 届毕业生毕业时掌握的创新能力水平为 53%，与 2013 届、全国高职高专 2014 届（均为 53%）均持平，比 2012 届（49%）高 4 个百分点。

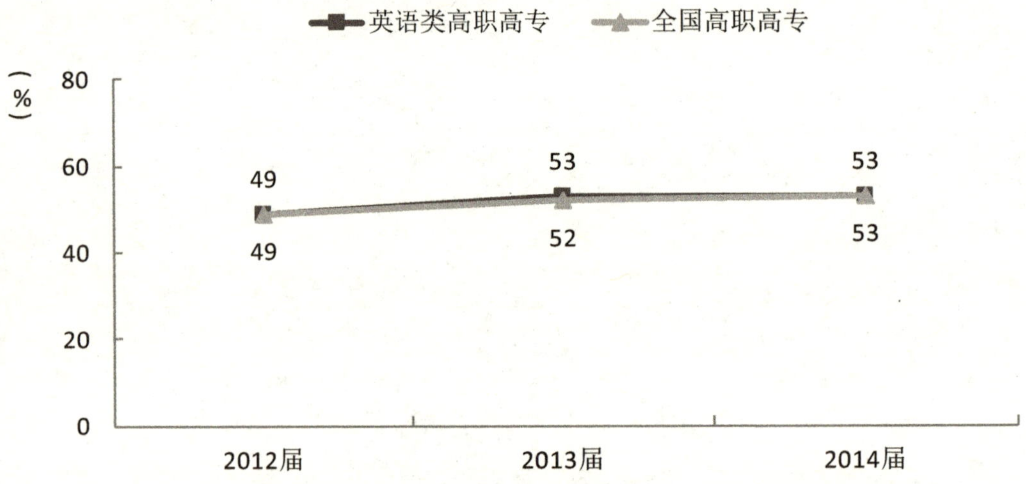

图 5-1　2012 届~2014 届英语类高职高专毕业生毕业时掌握的创新能力水平

二、 自主创业比例

1. 毕业生自主创业比例及趋势

英语类高职高专 2014 届毕业生自主创业的比例为 3.4%，比 2013 届、2012 届（均为 2.8%）均高 0.6 个百分点，比全国高职高专 2014 届（3.8%）低 0.4 个百分点。

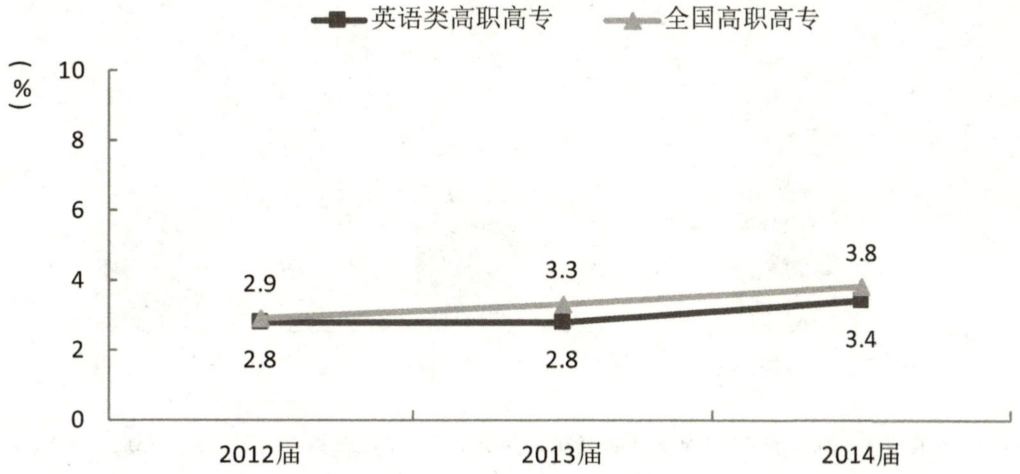

图 5-2 2012 届~2014 届英语类高职高专毕业生自主创业比例的变化趋势

2. 自主创业集中的职业类

英语类高职高专 2012 届~2014 届毕业生自主创业集中的职业类主要为销售（23.5%），然后是中小学教育（11.1%）、餐饮/娱乐（9.3%）。

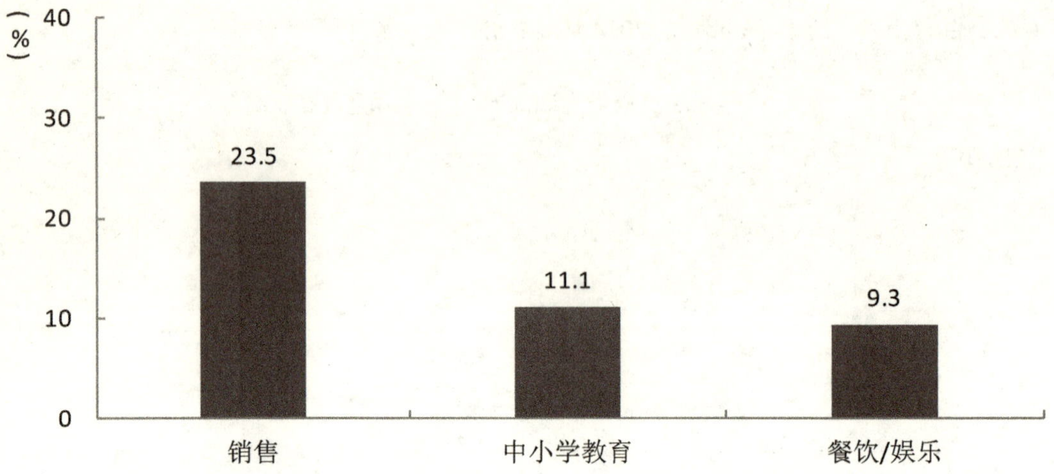

图 5-3　2012 届~2014 届英语类高职高专毕业生自主创业集中的职业类（三届平均）

3. 自主创业集中的行业类

英语类高职高专 2012 届~2014 届毕业生自主创业集中的行业类主要为教育业（20.9%），其次是零售商业（17.1%）。

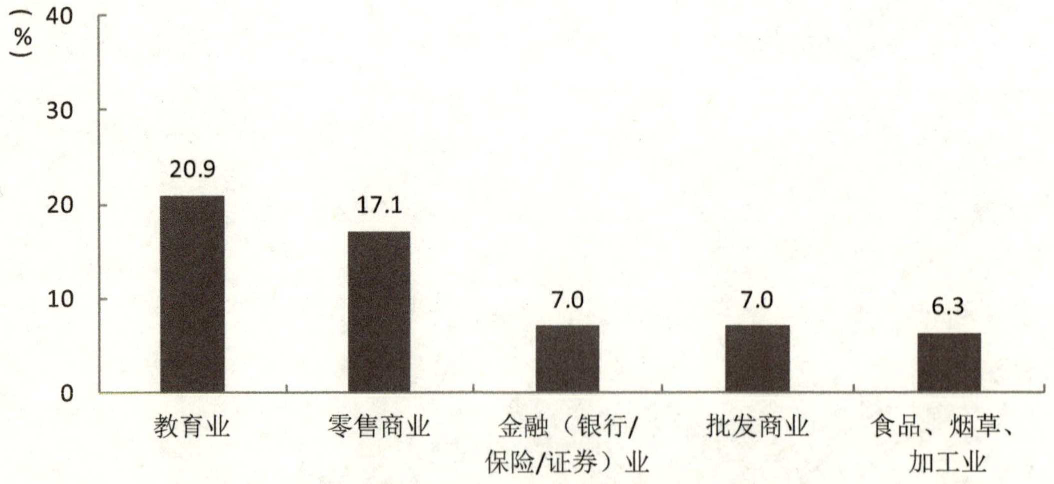

图 5-4　2012 届~2014 届英语类高职高专毕业生自主创业集中的行业类（三届平均）

三、 创业动机分析

英语类高职高专 2012 届~2014 届毕业生自主创业的动机主要是“理想就是成为创业者”（42%）。其中英语类高职高专毕业生属于机会型创业[1]的比例为 76%。

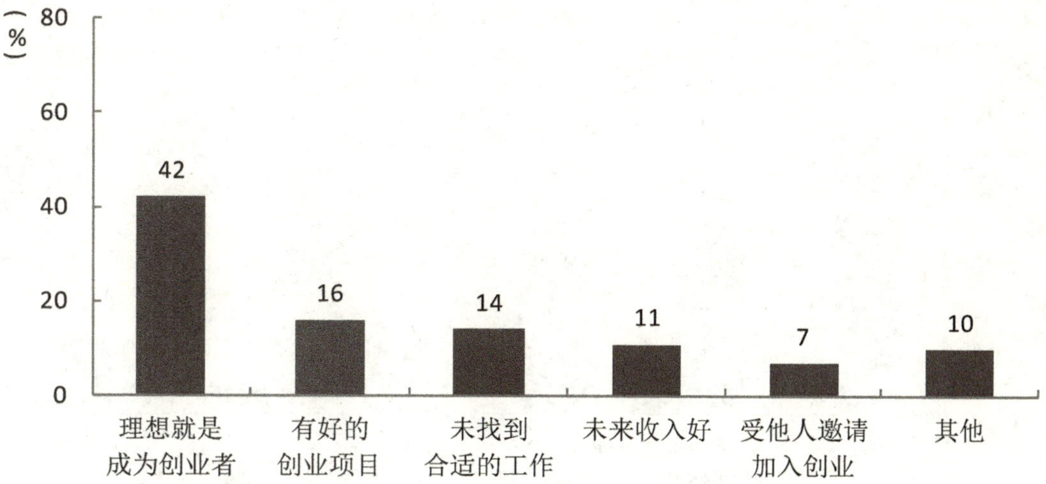

图 5-5 2012 届~2014 届英语类高职高专毕业生自主创业的动机分布（三届平均）

[1] **机会型创业**：是指因为“理想就是成为创业者”、“有好的创业项目”、“未来收入好”、“受他人邀请加入创业”而选择创业。

四、 创业需要加强的支持点

英语类高职高专 2012 届~2014 届毕业生自主创业的风险因素主要是“缺少资金”(27%)、“缺乏企业管理经验”（26%），其次是“市场推广困难”（21%）。

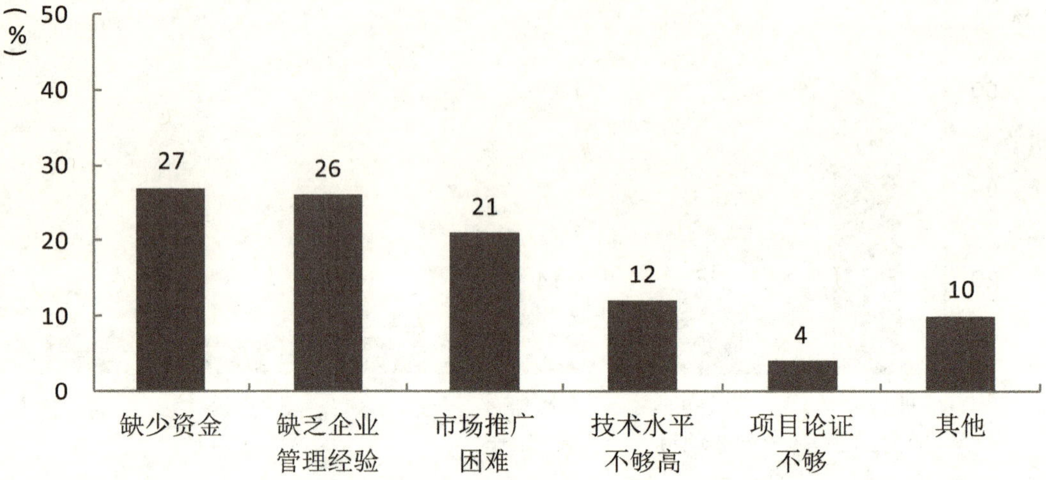

图 5-6 2012 届~2014 届英语类高职高专毕业生自主创业的风险因素分布（三届平均）

五、 创业的资金来源

英语类高职高专 2012 届~2014 届毕业生自主创业的资金来源主要是“父母/亲友投资或借贷”（55%），其次是“个人积蓄”（27%）。

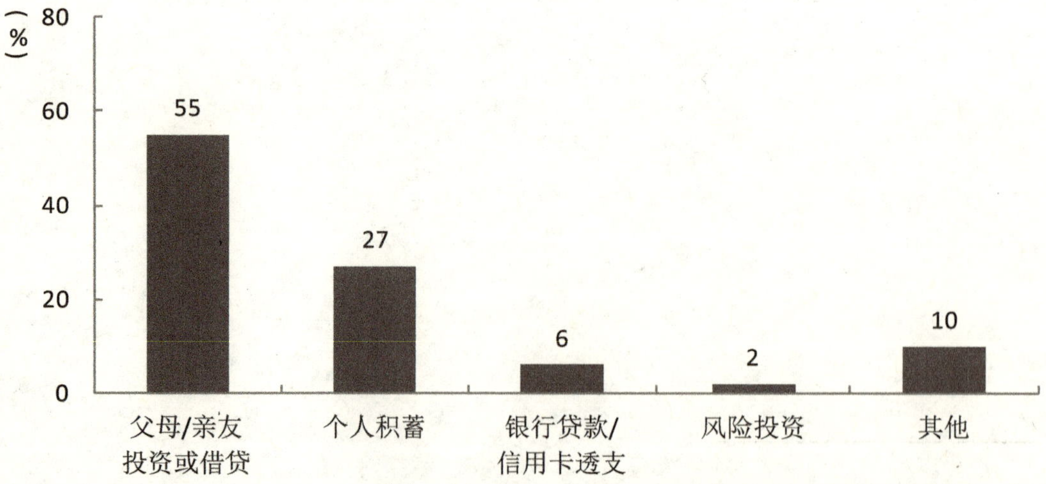

图 5-7 2012 届~2014 届英语类高职高专毕业生自主创业的资金来源分布（三届平均）

六、 创业教育分析

英语类高职高专 2012 届~2014 届自主创业的毕业生认为对创业最有帮助的在校活动/服务主要是“假期实习/课外兼职”（49%）。

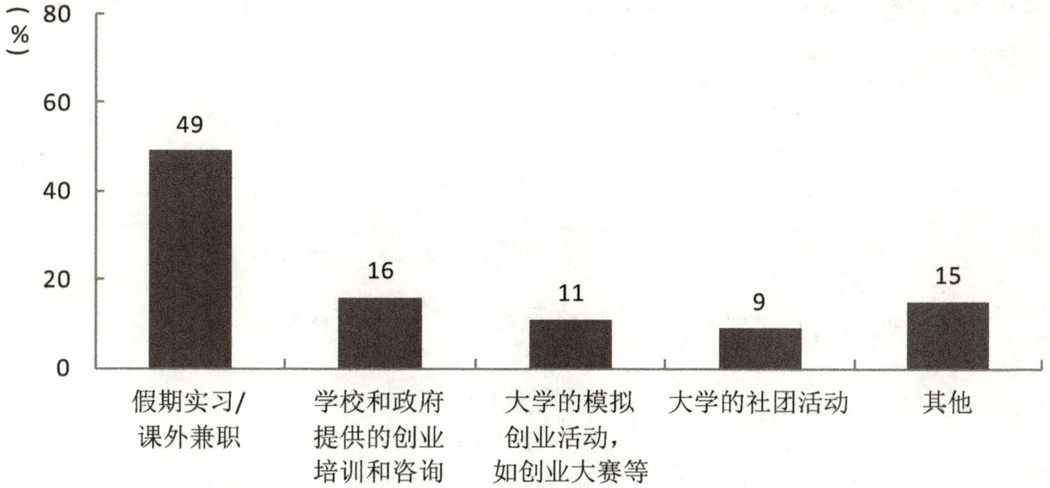

图 5-8 2012 届~2014 届英语类高职高专自主创业的毕业生认为对创业最有帮助的在校活动/服务（三届平均）

第六章 求职分析

一、 求职成功的信息渠道

英语类高职高专 2014 届毕业生获得第一份工作的主要渠道是“通过专业求职网站”（26%）和“通过朋友和亲戚得到招聘信息”（25%）。

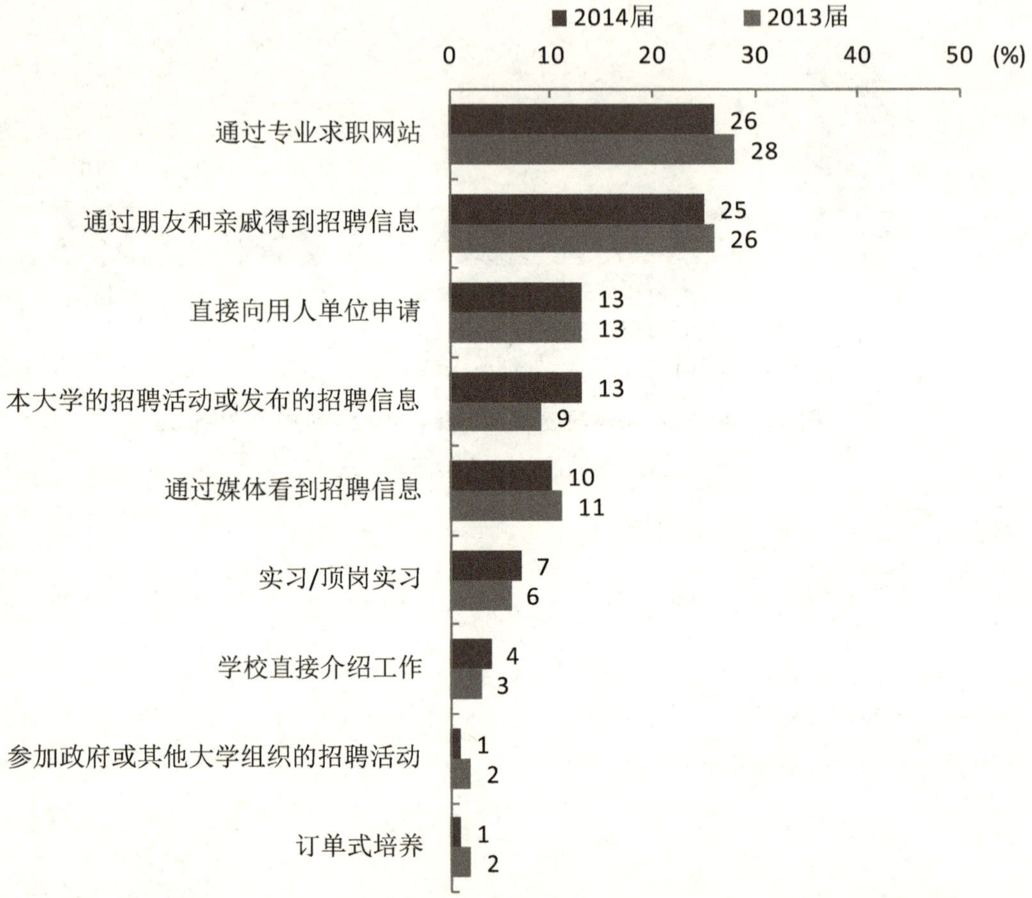

图 6-1 2013 届、2014 届英语类高职高专毕业生获得第一份工作的渠道分布

二、 求职服务有效性分析

求职服务分布：代表接受学校每项求职服务的毕业生百分比。一个毕业生可以接受多项服务。

求职服务有效性：毕业生选择了某项求职服务后，会被要求评价该求职服务是否有效。求职服务有效性=接受了某项求职服务并认为其有效的人数/接受了该项求职服务的人数。

英语类高职高专 2014 届毕业生接受“大学组织的招聘会”求职服务的比例（55%）最高，高于 2013 届（48%）较多，其有效性（65%）高于 2013 届（59%）；接受“辅导简历写作”、“辅导面试技巧”求职服务的比例分别为 36%、29%，其有效性（均为 88%）均较高。另外，表示“没有接受任何求职辅导服务”的毕业生比例为 17%，低于 2013 届（22%）。

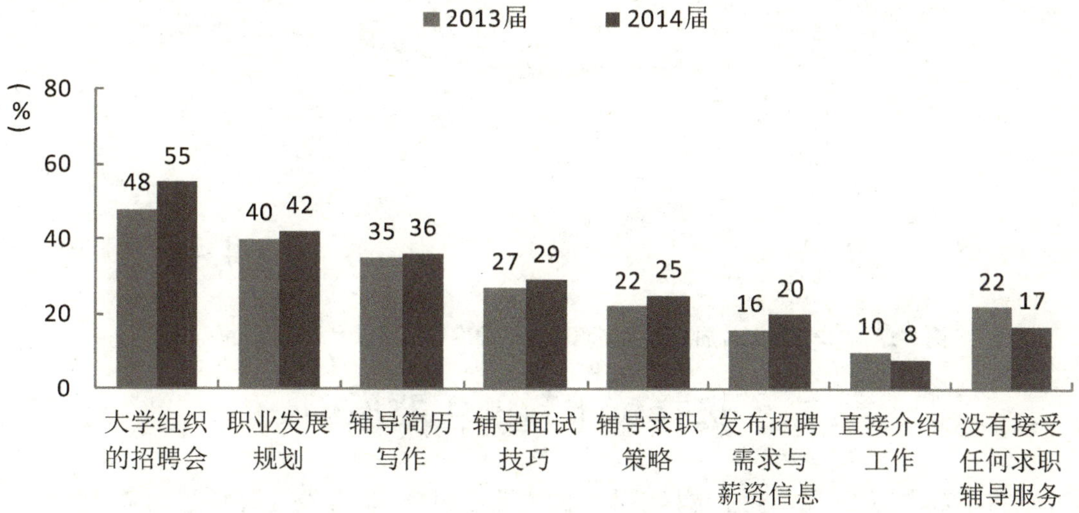

图 6-2 2013 届、2014 届英语类高职高专毕业生接受母校提供求职服务的人数%（多选）

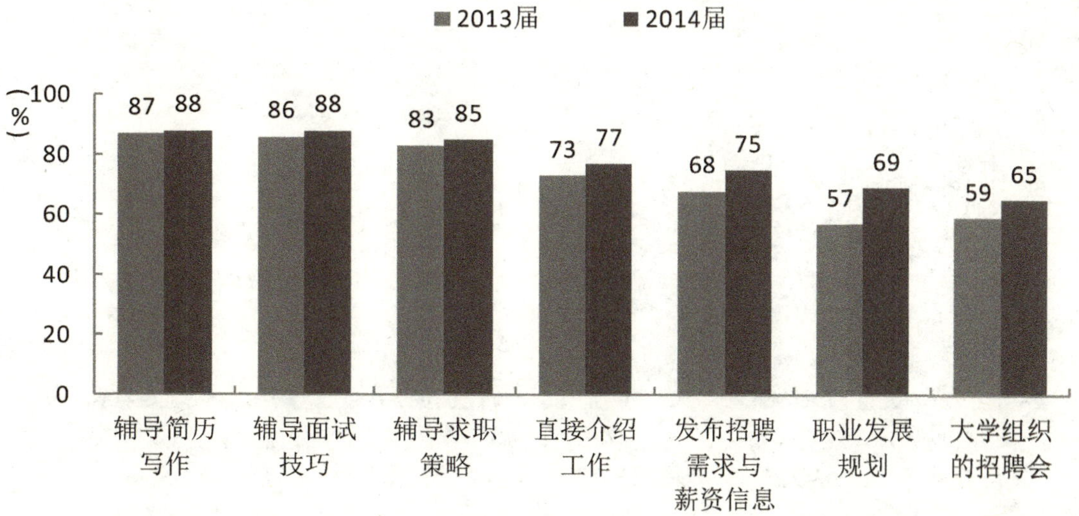

图 6-3 2013 届、2014 届英语类高职高专毕业生接受母校提供求职服务并认为其有效的人数%

第七章　毕业后读本科分析

一、　毕业生选择读本科的比例

英语类高职高专2014届毕业生毕业后读本科的比例为8.5%，比2013届（6.2%）高2.3个百分点，比2012届（6.5%）高2.0个百分点，比全国高职高专2014届（4.2%）高4.3个百分点。

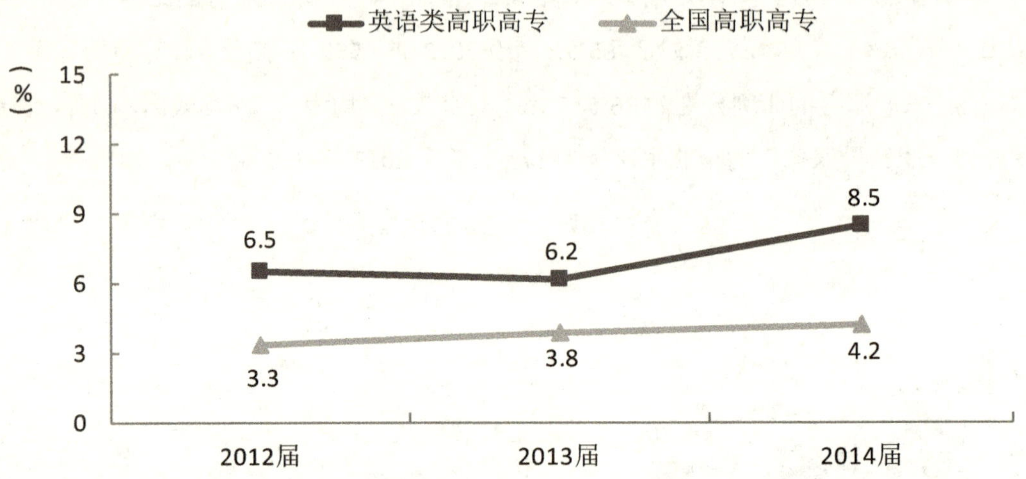

图7-1　2012届~2014届英语类高职高专毕业生毕业后读本科比例的变化趋势

二、　选择读本科的主要原因

英语类高职高专2014届毕业生选择读本科的主要原因是“职业发展需要”（31%）、“想去更好的大学”（30%）和“就业前景好”（27%）。

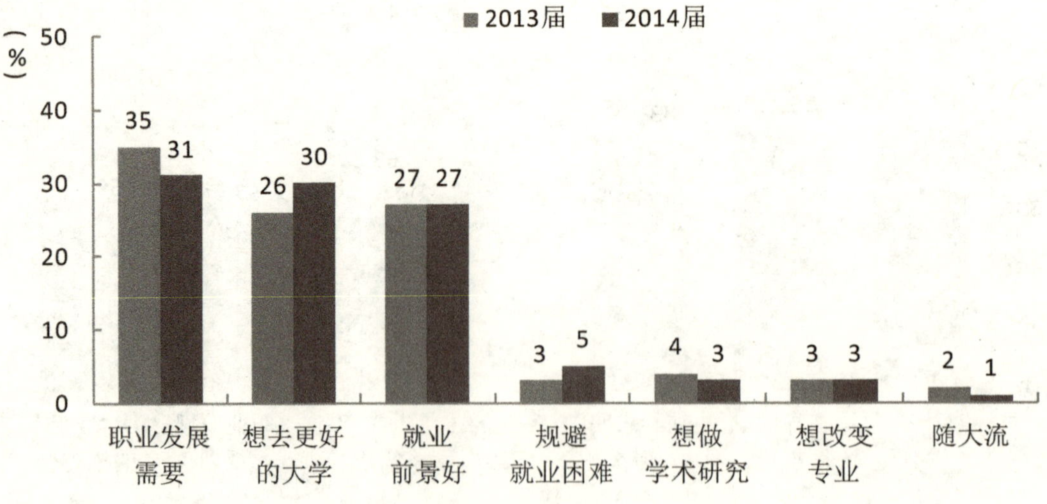

图7-2　2013届、2014届英语类高职高专毕业生选择读本科的原因分布

第三部分　技术报告

一、项目背景介绍

（一）　背景介绍

为了全面、客观、公正地评价英语类高职高专人才培养质量，完善质量评估体系，推动教学培养改进，提升毕业生的就业竞争力和培养质量，提升高校服务社会和区域经济的功能，第三方教育数据咨询与教育质量评估机构麦可思，实施了毕业生社会需求与培养质量跟踪评价项目。麦可思负责项目的问卷设计、数据采集、数据清理、数据分析和报告撰写工作。本项调研的特色在于：一是以覆盖各专业的数据为依据，具有实证科学性；二是以满足社会需求为依据来评价高校人才培养质量并提出改进建议，即结果导向的高教管理；三是评价方是高校系统外的权威专业机构，具有第三方公信力和客观性；四是采用先进的研究方法，包括职业分类、基本能力分类、核心知识分类，以及先进的数据处理方法。本报告可为高校的人才培养质量与社会责任报告提供扎实的数据基础。

（二）　样本介绍

1.　数据采集

向毕业半年后的 2014 届大学毕业生以电子邮件方式发放答题邀请函、问卷客户端链接和账户号，答卷人回答问卷，答题时间约 10 到 20 分钟。

2.　研究对象

毕业半年后的 2014 届大学毕业生。大学生毕业半年后的就业状况趋于稳定，有工作经历的毕业生也能够评估自己在工作中能力和知识的重要性和要求水平。

3.　样本覆盖情况

本研究主要采用麦可思 2012 届~2014 届大学毕业生社会需求与培养质量的跟踪评价数据。分析中英语类高职高专 2012 届~2014 届的有效样本分别为：2012 届 2321 个、2013 届 2329 个、2014 届 3326 个，共覆盖了 7 个高职高专专业。根据教育部划分的 4 个高职高专英语类专业，本研究将幼儿英语教育专业划分到英语教育专业中，将英语、英语翻译专业划分到应用英语专业中。

4. 研究对象分类

分为七个毕业生群体：

1）受雇全职工作；

2）受雇半职工作；

3）自主创业；

4）毕业后入伍；

5）毕业后读本科；

6）无工作，继续寻找工作；

7）无工作，其他。

二、研究概况

（一） 研究目的

主要是为了了解英语类高职高专毕业生的短期就业能力与培养质量的社会评价，根据以下几方面来测量和评价，帮助发现教学和培养过程中的问题并加以改进——

1. 毕业短期的基本去向、就业数量、就业质量；
2. 毕业生的职业、行业和用人单位特点；
3. 毕业生对母校的教学、学生工作和生活服务的满意度；
4. 毕业短期基本工作能力和核心知识在工作中的重要度和满足度，在校期间素养提升；
5. 毕业生在校体验，对社团活动的满意度；
6. 毕业生创新能力及自主创业；
7. 毕业生求职的信息渠道及求职服务评价；
8. 毕业生选择读本科的原因。

（二） 基本研究框架和指标体系

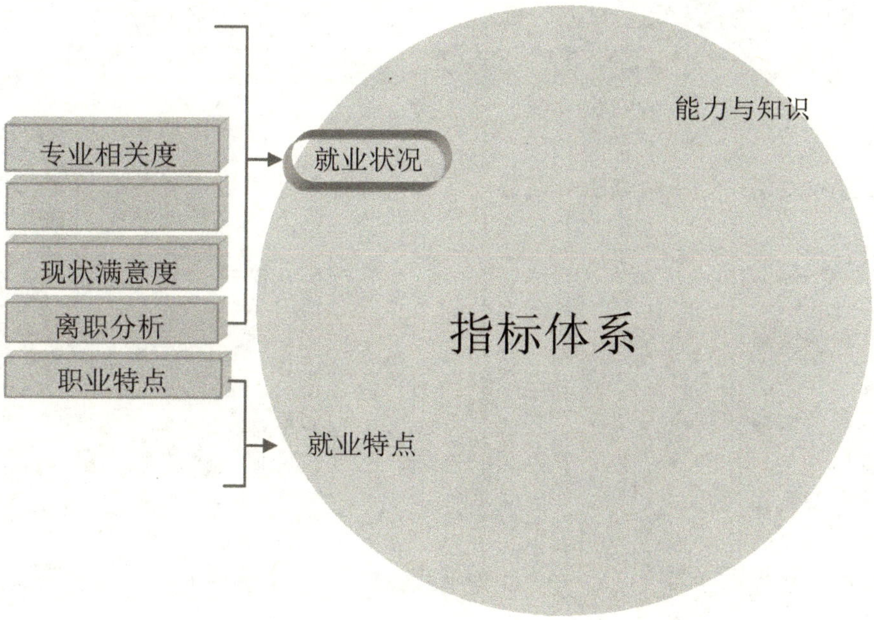

附录：英语类高职高专毕业生的主要职业环境举例

麦可思按国际标准（世界银行开发的 O*NET 系统），并结合历年全国大学生就业跟踪评价结果，开发了中国职业环境系统（COIN），该系统包括三维职位信息：职位特征、任职资格要求、任职者属性要求等。具体内容为：职业描述、工作内容、工作方式和环境、职位所需使用的现代技术工具；任职者必备的职业技能、知识、智体能力以及职位的任职资格；工作要求具备的性格、职业兴趣、企业氛围、工作价值观等总共 12 项分类信息。

需要注意的是，该职业环境系统作为通用的标准，在使用时，应结合毕业生实际就业的主要行业和用人单位特点，进行相应的走访、调研、修正，比如：对重要性排序的调整，采用更贴合实际的举例，等等。以下职业环境仅供参考。

附表 1　餐饮服务生的真实职业环境一览表（2015 版）

职业描述	
餐饮服务生： 顾客点菜时提供服务，为顾客上菜和上饮料。	
从业者的工作要求	
TOP19	主　要　任　务
1	负责收款。
2	在点菜本上记录顾客的点菜，记住顾客所点菜品，或者将其输入计算机，并传递给厨房工作人员。
3	请顾客点菜或点饮料。
4	询问顾客是否喜欢所提供菜品，若出现什么问题，应采取相应措施解决。
5	为顾客上菜或上饮料，按照要求为其准备特殊菜肴。
6	在账单上列明顾客所有的消费项目，还应包括总价和销售税金额。
7	将餐桌或柜台上的餐盘和玻璃杯收拾干净，并将其放回厨房以备清洗。
8	将菜单拿给顾客供其点菜，并回答顾客关于菜品的问题；必要时应向顾客推荐菜品。
9	向顾客通报每日特价菜品。
10	在顾客用餐完毕后，负责清扫餐桌或柜台。
11	为顾客准备热饮、冷饮和混合饮料，并负责冰冻葡萄酒。
12	解释已准备好的各种菜品及烹制方法和所用原料。
13	布置餐桌，摆放桌布、银质餐具和玻璃餐具等用具。
14	负责一些食品烹饪任务，例如制作沙拉、开胃菜和冷餐，将甜品按顾客人数分份，冲泡咖啡等。
15	将咖啡、食品、餐桌用具和桌布等存放到服务区。
16	在准备为顾客上餐前，负责菜品的装饰。
17	将盛放盐、辣椒、糖、调味料和餐巾的容器填满。
18	将顾客引到餐桌前。
19	向顾客介绍并推荐葡萄酒。

TOP5	工作要求具备的主要技能	举例说明
1	社交技能——服务他人	例如：根据观察询问顾客是否添菜。
2	基本技能——有效的口头沟通	例如：迎接游客并介绍景点。
3	社交技能——理解他人	例如：觉察出顾客因为等待太久而生气。
4	基本技能——积极学习	例如：理解一条新闻的启示。
5	基本技能——学习方法	例如：从他人那里学到完成任务的不同方法。

TOP5	工作需要的知识	具体的知识结构
1	消费者服务与个人服务	关于向顾客、个人提供服务的原理及过程的知识，这包括评估顾客需求以达到服务质量标准，并确定顾客的满意程度。
2	营销与沟通	关于展示、促销产品及服务的原则和方法的知识，包括营销策略、产品展示、销售技巧及销售控制体系。
3	中文语言	关于汉语语言结构和内容的知识，包括词的意义和书写、构成规则和语法。
4	数学	关于算术、代数、几何、微积分、统计及其应用的知识。
5	行政与管理	关于战略规划、资源分配、人力资源、领导技巧、生产方法、人员与资源协调的商业管理原理。

工作要求的任职资格	资格分类	资格级别
任职资格——要求很低或根本不需要职务准备	总体经验	进入之前从业者没有与本职业所需的技能、知识或经验。例如：一个人能够成为收银员，即使他（或她）之前从未做过这项工作。
	在职培训	需要接受培训，时间从几天到几个月不等。通常，一个有经验的工作者能告诉新手如何干好这个工作。
	任职资格举例	要求从业者根据规定为他人提供帮助。例如：计程车司机、娱乐度假场所服务员、柜台店员、租赁店店员、收银员、男（女）侍者。
	教育背景	要求从业者具备高中毕业文凭。其中一些职业要求从业者参加正式培训课程后才能获得工作许可。

TOP5	工作方式和环境	具体要求
1	精确的重要性	该工作对精确度的要求很高。
2	用手操作、控制或接触物品、工具或控制器的时间	该工作需要从业者花费长时间用手操作、控制或接触物品、工具或控制器。
3	电话	该工作需要从业者频繁进行电话谈话。
4	接触外部顾客	与外部顾客或公众合作对该工作很重要。
5	身体接触的密切程度	该工作需要从业者经常与他人进行身体上的密切接触。

TOP5	工作活动	具体要求
1	与他人互动	为公众服务或跟公众一起活动。
2	与他人互动	建立并维持人际关系。
3	与他人互动	与上级、同级人员或下属沟通。
4	工作产出	处理和移动物品。
5	资讯输入	确认对象、行动和事件。

TOP5	类别	工作要求的智体能力	具体要求
1	认识智能	会话理解能力	通过倾听理解口头词句所包含的信息和思想的能力。
2	认识智能	口头表达能力	与他人进行口头交流，使其明白自己传达的信息和思想的能力。

3	感觉能力	话语的清晰度	清楚表达以使他人理解的能力。
4	感觉能力	听力	听清他人说话的能力。
5	身体能力	躯干力量	重复或持续地使用腹部和腰部肌肉支撑身体某部分而不致筋疲力尽的能力。
TOP5	工作要求具备的性格		具 体 要 求
1	自制能力		要求工作者即使在十分困难的情况下，也要保持镇静、克制自己、控制怒火、避免过激行为。
2	可靠性		要求工作者可靠地、有责任感地、值得信赖地履行自己的职责。
3	承受压力		要求工作者能够接受批评并能在巨大压力下冷静、有效地处理工作。
4	协作精神		要求工作者乐于与他人协作，并在工作中表现出和善、合作的态度。
5	正直		要求工作者诚实，有道德感。

从业者追求的工作满足

TOP1	职业兴趣	兴 趣 描 述
1	社会性	社会性职业通常涉及与他人协作、沟通以及教育他人。这类职业经常要求工作者为他人提供帮助或服务。
TOP2	工作价值观	价值观内涵
1	人际关系	满足此项工作价值观的职业允许工作者为他人提供服务，并在非竞争性的友好环境中与同事协作。相应的前提是同事、道德价值观和社会服务。
2	支持	满足此项工作价值观的职业为工作者提供支持性管理。相应的前提是公司政策、监管中，人事关系与管理的专门技能。
TOP5	企业氛围	具 体 内 容
1	保障	该项工作的从业者有稳定的就业。
2	报酬	与其他从业者相比，该项工作的从业者报酬较丰厚。
3	公司政策和惯例	该项工作的从业者受到公司的公平对待。
4	工作条件	该项工作的从业者有良好的工作环境。
5	监督，人力关系	该项工作从业者的上级管理者通过管理对手下的员工进行支持。

职业招聘广告示例

某公司招聘餐馆服务生，条件如下：
餐饮/娱乐服务员

任职资格：
1. 大学专科及以上学历；专业不限，一经录用可享受带薪培训；
2. 具有良好的客户沟通能力、市场管理能力及优秀的谈判技巧；
3. 诚实守信，具有良好的团队合作精神；
4. 具有迎接挑战的信心和对工作的激情；
5. 工作主动负责，认真仔细，勤勉敬业，善于沟通，有较强的客户服务意识；
6. 能很快地学习新事物和新知识；
7. 有极强的人际沟通技巧和客户亲和力；
8. 思维敏捷，具备创造性市场开拓的能力；
9. 有承受巨大压力的能力；

10. 为人诚实、正直，性格开朗、责任心强，擅长与人沟通；
11. 工作积极主动、勤奋好学、行为自律，渴望成功者；
12. 具有一定的商务谈判能力。

附表 2　初中教师的真实职业环境一览表（2015 版）

职业描述	
初中教师：在公立或私立学校讲授一门或两门中级（即初中水平）课程；根据目前实行的各省的法律和规定，中级课程的难度介于小学和高中之间。	
从业者的工作要求	
TOP32	主　要　任　务
1	制订并执行规范学生行为的规则和维持纪律的方法。
2	根据学生不同的需求和兴趣，调整教学方式和课堂资料。
3	在中文、数学或社会科学这些课程中通过讲座、讨论和现场演示的方式帮助学生更好地学习。
4	通过组织、管理考试和练习作业来评估学生的学业掌握情况，并为其评分。
5	为每一课、每一单元、每一项目都设立目标，并将之告知学生。
6	积极策划、举行融教学、展示和自己动手为一体的各类综合活动，为孩子们提供观察、提问以及调查的机会。
7	根据法律、地区政策和管理条例的规定，准备准确、完整的学生记录。
8	观察并评估学生的课堂表现、行为规范、社交能力和身体健康。
9	准备教学资料，安排教学场所。
10	布置作业，并负责批阅。
11	执行管理规章和学生管理条例。
12	保持与学生家长或监护人、各科老师、教学顾问和管理者交流，帮助学生解决学习和个人行为上出现的问题。
13	鼓励学生为自己争取更多继续学习和接受挑战的机会，帮助学生充满信心地面对今后的学习。
14	按照课程指导或各省教育管理部门和学校的要求，确定课程学习的目标和大纲。
15	与孩子父母或监护人会面，与他们交流孩子取得的进步；确定家长在孩子教育中最关心的方面和他们需要利用的资源。
16	引导学生积极调整自己，帮助他们解决在学习上遇到的问题，或对他们特别感兴趣的领域做特别的指导。
17	为需要获得额外帮助的学生提供补救性质的辅导课程。
18	认真备课，在接受教学检查时应按要求准备书面备课材料。
19	与其他工作人员一起评估某个学生的受教育需求和进步。
20	指导并监督学生使用、维护试验设备，防止学生受伤和设备受损。
21	按照管理部门的要求，出具学生和其所参加活动的记录。
22	在某门课程获批后，继续与同事探讨交流、策划安排强化学习的课程。
23	与其他老师和管理者一起开发、评估和修订中学课程教育。
24	参加职业会议、教育会议以及教师培训课程，保持和提高自己的职业技能。
25	承担管理职能，如管理教学楼和食堂、负责学生上下交通车等。
26	组织标准能力和成绩测试，并据此判断学生的优势和需要改进的地方。
27	编写材料，并做出标记；展示孩子们的作品。
28	组织游戏和其他娱乐活动来提高孩子的身体和心理素质，以及社交能力。
29	参加职工大会；如需要，应在委员会任职。

30	组织管理班级活动、外出玩耍、会见客人或其他实践活动，帮助学生从这些经历中学习。		
31	选择、储存、订购、发放教室设备、材料和用品，并为其编号。		
32	帮助支持学生的课外活动，如：俱乐部、学生社区以及学术竞赛等。		
TOP5	工作要求具备的主要技能		举例说明
1	基本技能——积极学习		例如：理解一条新闻的启示。
2	基本技能——有效的口头沟通		例如：迎接游客并介绍景点。
3	基本技能——学习方法		例如：从他人那里学到完成任务的不同方法。
4	社交技能——理解他人		例如：觉察出顾客因为等待太久而生气。
5	社交技能——指导他人		例如：指导他人使用一件工具。
TOP5	工作需要的知识		具体的知识结构
1	教育与培训		关于课程设置和培训的原理和方法，教授和指导个人及团体，以及评估培训效果的知识。
2	中文语言		关于汉语语言结构和内容的知识，包括词的意义和书写、构成规则和语法。
3	心理学		关于人类行为和表现，能力、个性和兴趣的个体差异，学习与动机，心理研究方法，以及对行为和情感紊乱的评价和治疗的知识。
4	计算机与电子学		关于线路板、处理器、芯片、电子设备和电脑软硬件的知识，包括关于应用软件和编程方面的知识。
5	社会学和人类学		关于群体行为和动力学、社会趋势和影响、人类迁徙，以及种族、文化及其历史和起源的知识。
工作要求的任职资格		资格分类	资格级别
任职资格——要求相当程度职务准备		总体经验	需要从业者最少具备两年到四年与工作相关的技能、知识或工作经验。例如：一个会计必须完成四年的大学课程并从事会计工作若干年后，才有资格成为会计师。
		在职培训	从业者通常须具备几年的有关工作经验、在职培训或职业培训。
		任职资格举例	这个大类中的许多职业都要求从业者与他人协调，负责监督、管理或培训的工作。例如：会计师、人力资源经理、计算机程序员、教师、药剂师。
		教育背景	要求从业者具备专科学历。
TOP5	工作方式和环境		具体要求
1	协调或领导他人		协调或领导他人完成工作。
2	在环境可控的室内工作		该工作需要从业者经常在环境可控的室内工作。
3	电子邮件		经常使用电子邮件。
4	公开演讲		从业者需要在工作中经常公开演讲。
5	进行决策的自由		该工作可为从业者提供不受监管的自由决策空间。
TOP5	工作活动		具体要求
1	与他人互动		培训、指导他人。
2	资讯处理过程		组织和计划工作，并确定优先进行的工作。
3	与他人互动		指导、培养他人。
4	资讯处理过程		创造性地思考。
5	与他人互动		建立并维持人际关系。
TOP5	类别	工作要求的智体能力	具体要求

1	认识智能	口头表达能力	与他人进行口头交流，使其明白自己传达的信息和思想的能力。
2	感觉能力	话语的清晰度	清楚表达以使他人理解的能力。
3	感觉能力	听力	听清他人说话的能力。
4	认识智能	会话理解能力	通过倾听理解口头词句所包含的信息和思想的能力。
5	认识智能	对问题的敏感度	指出错误或有可能出现的错误的能力，但不包括解决该问题。
TOP5	**工作要求具备的性格**		**具 体 要 求**
1	可靠性		要求工作者可靠地、有责任感地、值得信赖地履行自己的职责。
2	正直		要求工作者诚实，有道德感。
3	自制能力		要求工作者即使在十分困难的情况下，也要保持镇静、克制自己、控制怒火、避免过激行为。
4	承受压力		要求工作者能够接受批评并能在巨大压力下冷静、有效地处理工作。
5	关心他人		要求工作者能够敏锐感觉到他人的需要、体谅他人的感受、对他人工作有所理解和帮助。

从业者追求的工作满足

TOP1	**职业兴趣**	**兴 趣 描 述**
1	社会性	社会性职业通常涉及与他人协作、沟通以及教育他人。这类职业经常要求工作者为他人提供帮助或服务。
TOP2	**工作价值观**	**价值观内涵**
1	成就感	满足此项工作价值观的职业看重工作结果，通过成就感的刺激，使工作者的能力得到最大程度的发挥。相应的前提是才能充分发挥与成就感。
2	独立性	满足此项工作价值观的职业允许工作者独立工作、独立决策。相应的前提是创造力、责任感以及自主权。
TOP5	**企业氛围**	**具 体 内 容**
1	自我管理	该项工作的从业者在规划自己工作时很少受到监管。
2	工作条件	该项工作的从业者有良好的工作环境。
3	保障	该项工作的从业者有稳定的就业。
4	活动	该项工作的从业者随时都很忙碌充实。
5	创造力	该项工作的从业者可以在工作中尝试他们的想法。

职业招聘广告示例

某公司招聘初中教师，条件如下：
中考语文主讲老师

岗位职责：
提供教学计划，亲自授课，传授中考技巧。

任职资格：
1．热爱教育事业，工作踏实投入，责任心强；
2．大学专科以上学历，身体健康，普通话标准，为人亲和，善于和学生家长沟通；
3．具有三年以上的初三主科教学经验，并且有自己独特的教学方法者优先；
4．熟悉历届中考题目，对中考趋势有一定把握；
5．能设计、分析和讲解中考考试题目，以实现达到某种教学目的的测试题目。

附表 3　导游的真实职业环境一览表（2015 版）

<table>
<tr><th colspan="4">职业描述</th></tr>
<tr><td colspan="4">导游：陪同个人或团队观光或游览，例如，工业企业、公共建筑和美术馆。</td></tr>
<tr><th colspan="4">从业者的工作要求</th></tr>
<tr><td>TOP7</td><td colspan="3">主 要 任 务</td></tr>
<tr><td>1</td><td colspan="3">为学校孩子举行教育活动。</td></tr>
<tr><td>2</td><td colspan="3">陪同个人或团体巡航、观光或参观名胜，例如：工业园区、公共建筑和艺术馆。</td></tr>
<tr><td>3</td><td colspan="3">向团队成员介绍名胜，并回答问题。</td></tr>
<tr><td>4</td><td colspan="3">管理游客活动，确保其符合旅行和安全规定。</td></tr>
<tr><td>5</td><td colspan="3">欢迎游客，为其登记，发放身份徽章、安全设备。</td></tr>
<tr><td>6</td><td colspan="3">分发宣传册子、进行视频宣传、解释机构运作过程和在旅游地的具体安排。</td></tr>
<tr><td>7</td><td colspan="3">向游客提供方向和其他一些重要信息。</td></tr>
<tr><td>TOP5</td><td colspan="2">工作要求具备的主要技能</td><td>举 例 说 明</td></tr>
<tr><td>1</td><td colspan="2">基本技能——有效的口头沟通</td><td>例如：迎接游客并介绍景点。</td></tr>
<tr><td>2</td><td colspan="2">社交技能——服务他人</td><td>例如：根据观察询问顾客是否添菜。</td></tr>
<tr><td>3</td><td colspan="2">社交技能——理解他人</td><td>例如：觉察出顾客因为等待太久而生气。</td></tr>
<tr><td>4</td><td colspan="2">社交技能——协调安排</td><td>例如：根据他人的变化来调整自己的日程。</td></tr>
<tr><td>5</td><td colspan="2">基本技能——积极学习</td><td>例如：理解一条新闻的启示。</td></tr>
<tr><td>TOP5</td><td colspan="2">工作需要的知识</td><td>具体的知识结构</td></tr>
<tr><td>1</td><td colspan="2">消费者服务与个人服务</td><td>关于向顾客、个人提供服务的原理及过程的知识，这包括评估顾客需求以达到服务质量标准，并确定顾客的满意程度。</td></tr>
<tr><td>2</td><td colspan="2">历史学与考古学</td><td>关于历史事件及其起因、标志，以及对文明和文化的影响的知识。</td></tr>
<tr><td>3</td><td colspan="2">中文语言</td><td>关于汉语语言结构和内容的知识，包括词的意义和书写、构成规则和语法。</td></tr>
<tr><td>4</td><td colspan="2">教育与培训</td><td>关于课程设置和培训的原理和方法，教授和指导个人及团体，以及评估培训效果的知识。</td></tr>
<tr><td>5</td><td colspan="2">传播与媒体</td><td>关于传媒制作、交流、传播技术和方法的知识，包括通过书面、口头和可视媒体等方式来传达信息或娱乐受众。</td></tr>
<tr><td colspan="2">工作要求的任职资格</td><td>资 格 分 类</td><td>资 格 级 别</td></tr>
<tr><td colspan="2" rowspan="4">任职资格——要求中等程度职务准备</td><td>总体经验</td><td>要求工作者具备与此职业相关的技能、知识和工作经验。例如：在成为一个电工之前必须当三年或四年的学徒或者接受职业培训，并且通常还要求工作者通过从业资格考试获取证书方能工作。</td></tr>
<tr><td>在职培训</td><td>从业者需要接受一年或两年的培训，包括在职工作经验的积累和接受经验丰富的工作者的指导。</td></tr>
<tr><td>任职资格举例</td><td>通常要求从业者运用沟通技巧和组织能力协调、监督、管理或培训他人以达到目标。例如：电工、森林保护人员、法律秘书、记者以及保险销售代理人。</td></tr>
<tr><td>教育背景</td><td>这个级别的任职资格中的大多数职业要求从业者接受过职业培训学校的培训，具备在职工作经验和学士学位。</td></tr>
<tr><td>TOP5</td><td colspan="2">工作方式和环境</td><td>具 体 要 求</td></tr>
<tr><td>1</td><td colspan="2">在环境不可控的室内工作</td><td>该工作需要从业者经常在环境不可控的室内工作（例如：没有暖气的仓库）。</td></tr>
</table>

2	站立的时间		该工作需要从业者长时间站立工作。
3	进行决策的自由		该工作可为从业者提供不受监管的自由决策空间。
4	结构性工作和非结构性工作的比例		该工作不允许从业者自己决定工作任务、优先顺序和最终目标。
5	与工作小组合作		与他人组成的团队合作对该工作很重要。
TOP5	工 作 活 动		具 体 要 求
1	与他人互动		为公众服务或跟公众一起活动。
2	资讯输入		获取信息。
3	与他人互动		建立并维持人际关系。
4	与他人互动		向团队其他成员解释某些资讯的含义。
5	资讯处理过程		创造性地思考。
TOP5	类别	工作要求的智体能力	具 体 要 求
1	认识智能	口头表达能力	与他人进行口头交流，使其明白自己传达的信息和思想的能力。
2	感觉能力	话语的清晰度	清楚表达以使他人理解的能力。
3	认识智能	会话理解能力	通过倾听理解口头词句所包含的信息和思想的能力。
4	感觉能力	听力	听清他人说话的能力。
5	认识智能	对问题的敏感度	具有指出错误或识别可能发生的错误的能力，但不包括解决该问题。
TOP5	工作要求具备的性格		具 体 要 求
1	协作精神		要求工作者乐于与他人协作，并在工作中表现出和善、合作的态度。
2	可靠性		要求工作者可靠地、有责任感地、值得信赖地履行自己的职责。
3	自制能力		要求工作者即使在十分困难的情况下，也要保持镇静、克制自己、控制怒火、避免过激行为。
4	关心他人		要求工作者能够敏锐感觉到他人的需要、体谅他人的感受、对他人工作有所理解和帮助。
5	正直		要求工作者诚实、有道德感。

从业者追求的工作满足

TOP1	职业兴趣	兴 趣 描 述
1	社会性	社会性职业通常涉及与他人协作、沟通以及教育他人。这类职业经常要求工作者为他人提供帮助或服务。
TOP1	工作价值观	价值观内涵
1	人际关系	满足此项工作价值观的职业允许工作者为他人提供服务，并在非竞争性的友好环境中与同事协作。相应的前提是道德价值观和社会服务。
TOP5	企业氛围	具 体 内 容
1	保障	该项工作的从业者有稳定的就业。
2	独立性	该项工作的从业者可以独立完成工作。
3	活动	该项工作的从业者随时都很忙碌充实。
4	成就	该项工作的从业者有成就感。
5	自我管理	该项工作的从业者在规划自己工作时很少受到监管。

职业招聘广告示例
某公司招聘导游，条件如下： 导游 任职资格： 1. 持有国家导游证，具有较强的语言表达能力和沟通能力，应变能力强； 2. 对工作认真负责、责任心强、形象气质佳。

附表 4　翻译员的真实职业环境一览表（2015 版）

职业描述		
翻译员： 将书面、口头或符号文字语言翻译为另一种语言。		
从业者的工作要求		
TOP8	主 要 任 务	
1	查阅原文或与作者交流，保证译文保持了原文的内容、意义及传达的情感。	
2	查阅原文的专业词汇，确保翻译准确，且在整个译文中前后一致。	
3	整理将用于译文的专业词汇，例如：法律或医学词汇。	
4	与客户商讨翻译标准，并确定所收取的费用。	
5	确定发言者的意思，并准备翻译；若需要，可使用电子听力设备。	
6	校对、编辑并修改译文。	
7	阅读包括法律文件、科学著作或新闻报道在内的书面材料，并将其翻译为另一种语言。	
8	为确保翻译的准确，可参考字典、专业词典、百科全书及电子字典等。	
TOP5	工作要求具备的主要技能	举 例 说 明
1	基本技能——积极学习	例如：理解一条新闻的启示。
2	基本技能——有效的口头沟通	例如：迎接游客并介绍景点。
3	基本技能——积极聆听	例如：听懂客户的订货需求。
4	基本技能——学习方法	例如：从他人那里学到完成任务的不同方法。
5	社交技能——理解他人	例如：觉察出顾客因为等待太久而生气。
TOP5	工作需要的知识	具体的知识结构
1	外国语	关于一门外语语言结构和内容的知识，包括单词的意义和拼写、构成规则、语法和发音。
2	中文语言	关于汉语语言结构和内容的知识，包括词的意义和书写、构成规则和语法。
3	文秘	关于行政和文书记录程序和系统的知识，例如：文字处理、文件记录归档、速记和誊写、表格设计等，还要掌握其他一些办公程序和专门用语。
4	生产与加工	关于原材料、生产过程、质量控制、成本和其他知识，并使有限物资有效和最大限度地应用到制造和分配货物中。
5	消费者服务与个人服务	关于向顾客、个人提供服务的原理及过程的知识，这包括评估顾客需求以达到服务质量标准，并确定顾客的满意程度。
工作要求的任职资格	资 格 分 类	资 格 级 别
任职资格——要求中等程度职务准备	总体经验	要求工作者具备与此职业相关的技能、知识和工作经验。例如：在成为一个电工之前必须当三年或四年的学徒或者接受职业培训，并且通常还要求工作者通过从业资格考试获取证

		书方能工作。
	在职培训	从业者需要接受一年或两年的培训，包括在职工作经验的积累和接受经验丰富的工作者的指导。
	任职资格举例	通常要求从业者运用沟通技巧和组织能力协调、监督、管理或培训他人以达到目标。例如：电工、森林保护人员、法律秘书、记者以及保险销售代理人。
	教育背景	这个级别的任职资格中的大多数职业要求从业者接受过职业培训学校的培训，具备在职工作经验或者大中专文凭。

TOP5	工作方式和环境	具 体 要 求
1	进行决策的自由	该工作可为从业者提供不受监管的自由决策空间。
2	电话	该工作需要从业者频繁进行电话谈话。
3	身体接触的密切程度	该工作需要从业者经常与他人进行身体上的密切接触。
4	接触外部顾客	与外部顾客或公众合作对该工作很重要。
5	伏案工作时间	该工作需要从业者长时间伏案工作。

TOP5	工 作 活 动	具 体 要 求
1	与他人互动	向团队其他成员解释某些资讯的含义。
2	资讯处理过程	更新并运用相关知识。
3	资讯输入	确认对象、行动和事件。
4	资讯输入	获取信息。
5	资讯输入	对过程、原材料和周遭环境的情况进行监控。

TOP5	类别	工作要求的智体能力	具 体 要 求
1	感觉能力	听力	听清他人说话的能力。
2	认识智能	口头表达能力	与他人进行口头交流，使其明白自己传达的信息和思想的能力。
3	认识智能	会话理解能力	通过倾听理解口头词句所包含的信息和思想的能力。
4	认识智能	阅读理解能力	阅读并理解书面信息和思想的能力。
5	感觉能力	话语的清晰度	清楚表达以使他人理解的能力。

从业者追求的工作满足

TOP1	职业兴趣	兴 趣 描 述
1	艺术性	艺术性职业通常需要工作者与各种式样、设计和图案打交道。这类职业要求工作者表现自我而不必墨守成规。

TOP2	工作价值观	价值观内涵
1	成就感	满足此项工作价值观的职业看重工作结果，通过成就感的刺激，使工作者的能力得到最大限度的发挥。相应的前提是才能充分发挥与成就感。
2	人际关系	满足此项工作价值观的职业允许工作者为他人提供服务，并在非竞争性的友好环境中与同事协作。相应的前提是同事、道德价值观和社会服务。

TOP5	企业氛围	具 体 内 容
1	认可	该项工作的从业者因其工作得到认可。
2	保障	该项工作的从业者有稳定的就业。
3	社会地位	该项工作的从业者受到公司和社会的尊敬。
4	报酬	与其他从业者相比，该项工作的从业者报酬较丰厚。
5	道德观	该项工作的从业者不会被强迫做违背他们道德判断的事。

职业招聘广告示例

某公司招聘口译员和翻译员，条件如下：
翻译

任职资格：
1. 日语、俄语、英语专业，专科及以上学历，具有独立的口译、笔译能力；
2. 有一定的医疗和外事工作经验者优先。

附表 5　行政秘书和行政助理的真实职业环境一览表（2015 版）

职业描述

行政秘书和行政助理：通过进行调查，准备数据报告，处理信息需求，并履行准备信件、接待访客、安排电话会议以及确定开会时间等工作职责，完成高质量的行政管理工作。可能也会培训和指导业务水平较差的职员。

从业者的工作要求

TOP9	主要任务
1	处理和维护主管的日程表。
2	使用文字、表格、数据库和演示软件，准备发票、报告、备忘录、信件、财政决算和其他文件。
3	阅读和分析收到的备忘录、提案和报告以确定它们的重要性并计划它们的分配。
4	打开、整理和分发收到的信件，包括传真和电子邮件。
5	归档和取回公司文件、记录和报告。
6	接待访客并决定是否应该让他们会见某人。
7	准备回应常规询问的信件。
8	履行一般办公室职责，譬如订购供应品、维护记录管理系统和执行基本的簿记工作。
9	为委员会、董事会和其他会议准备议程并做安排。

TOP5	工作要求具备的主要技能	举例说明
1	基本技能——有效的口头沟通	例如：迎接游客并介绍景点。
2	基本技能——积极学习	例如：理解一条新闻的启示。
3	社交技能——理解他人	例如：觉察出顾客因为等待太久而生气。
4	社交技能——协调安排	例如：根据他人的变化来调整自己的日程。
5	基本技能——学习方法	例如：从他人那里学到完成任务的不同方法。

TOP5	工作需要的知识	具体的知识结构
1	文秘	关于行政和文书记录程序和系统的知识，例如：文字处理、文件记录归档、速记和誊写、表格设计等，还要掌握其他一些办公程序和专门用语。
2	行政与管理	关于战略规划、资源分配、人力资源、领导技巧、生产方法、人员与资源协调的商业管理原理。
3	中文语言	关于汉语语言结构和内容的知识，包括词的意义和书写、构成规则和语法。
4	人事与人力资源	关于招聘、选拔、培训、薪酬福利、劳动关系和谈判、人事信息系统的知识。
5	消费者服务与个人服务	关于向顾客、个人提供服务的原理及过程的知识，这包括评估顾客需求以达到服务质量标准，并确定顾客的满意程度。

工作要求的任职资格	资格分类	资格级别

任职资格——要求中等程度职务准备	总体经验	要求工作者具备与此职业相关的技能、知识和工作经验。例如：在成为一个电工之前必须当三年或四年的学徒或者接受职业培训，并且通常还要求工作者通过从业资格考试获取证书方能工作。
	在职培训	从业者需要接受一年或两年的培训，包括在职工作经验的积累和接受经验丰富的工作者的指导。
	任职资格举例	通常要求从业者运用沟通技巧和组织能力协调、监督、管理或培训他人以达到目标。例如：电工、记者以及保险销售代理人。
	教育背景	这个级别的任职资格中的大多数职业要求从业者接受过职业培训学校的培训，具备在职工作经验或者大中专文凭。

TOP5	工作方式和环境	具体要求
1	伏案工作时间	该工作需要从业者长时间伏案工作。
2	重复同样工作的重要性	不停地重复同样的身体动作（例如：将数据录入）或智力活动（例如：检查分类账的录入）。
3	结构性工作和非结构性工作的比例	该工作不允许从业者自己决定工作任务、优先顺序和最终目标。
4	与工作小组合作	与他人组成的团队合作对该工作很重要。
5	精确的重要性	该工作对精确度的要求很高。

TOP5	工作活动	具体要求
1	与他人互动	执行行政管理活动。
2	工作产出	操作计算机。
3	资讯输入	获取信息。
4	与他人互动	与上级、同级人员或下属沟通。
5	与他人互动	建立并维持人际关系。

TOP5	类别	工作要求的智体能力	具体要求
1	认识智能	会话理解能力	通过倾听理解口头词句所包含的信息和思想的能力。
2	认识智能	书面表达能力	使用书面语言传递可被他人理解的信息和思想。
3	认识智能	阅读理解能力	阅读并理解书面信息和思想的能力。
4	认识智能	口头表达能力	与他人进行口头交流，使其明白自己传达的信息和思想的能力。
5	感觉能力	话语的清晰度	清楚表达以使他人理解的能力。

TOP5	工作要求具备的性格	具体要求
1	协作精神	要求工作者乐于与他人协作，并在工作中表现出和善、合作的态度。
2	细微观察	要求工作者在工作中注重细节，完美地完成任务。
3	可靠性	要求工作者可靠地、有责任感地、值得信赖地履行自己的职责。
4	正直	要求工作者诚实、有道德感。
5	关心他人	要求工作者能够感觉到他人的需要，体谅他人的感受，对他人工作有所理解和帮助。

从业者追求的工作满足

TOP1	职业兴趣	兴趣描述
1	常规性	常规性职业通常要求工作者依照已有程序、规则处理数据和完成一些琐碎工作，

		而不需要在工作中表现出独创性思维。通常工作中有明确的上下级关系。
TOP2	工作价值观	价值观内涵
1	支持	满足此项工作价值观的职业对员工提供支持性的管理。与此相应的需要是：公司政策、监管中，人事关系与管理的专门技能。
2	人际关系	满足此项工作价值观的职业允许工作者为他人提供服务，并在非竞争性的友好环境中与同事协作。相应的前提是同事、道德价值观和社会服务。
TOP5	企业氛围	具 体 内 容
1	能力使用	该项工作的从业者可以发挥他们的个人能力。
2	同事	该项工作的从业者有容易共处的同事。
3	成就	该项工作的从业者有成就感。
4	社会服务	该项工作可以使从业者为其他人做贡献。
5	监督，人力关系	该项工作从业者的上级管理者通过管理对手下的员工进行支持。

职业招聘广告示例

某公司招聘行政秘书和行政助理，条件如下：
行政秘书

岗位职责：
1. 协助经理完成日常行政工作，处理公司内务；
2. 传达通知，处理招聘、分发文件等相关业务事宜；
3. 方案计划制定，协助完成团队目标等。

任职资格：
1. 大专学历及以上（应届毕业生亦可）；
2. 英语口语良好，具有良好的待人接物能力、团队合作精神，具备一定独立工作能力；
3. 较强沟通能力和进取心，学习能力较强。

附表 6　会计的真实职业环境一览表（2015 版）

职业描述

会计：分析财务数据并准备财务报告，计算出资产、负债、利润、损失、应纳税款或其他公司内部财务数据，并对这些记录进行保存和更新。

从业者的工作要求

TOP9	主 要 任 务
1	通过制定、检验、分析会计记录、财务报表和其他财政报告，实现报告的精确性与真实性。
2	对税收情况进行计算，以保证实际收支与税收标准相一致。
3	通过分析商业行为、趋势、支出、收入、财务责任和义务，为将来的收支情况提出建议。
4	向管理层报告财务相关情况。
5	创建账目并对其进行合理分配。
6	通过定期汇报实际收支与预算的吻合情况对预算进行改进、维护和分析。
7	使用最新的电脑技术开发、完成、修改和登记财务记录系统。
8	为会计和记录人员创造条件，并指导其开展工作。
9	对工作单位运营进行调查以确定其会计需求，并为其商务和财务问题提供解决方法。

TOP5	工作要求具备的主要技能	举 例 说 明
1	基本技能——积极学习	例如：理解一条新闻的启示。

2	资源管理技能——财务管理	例如：用现金购买办公物品并做开销记录。
3	基本技能——学习方法	例如：从他人那里学到完成任务的不同方法。
4	基本技能——有效的口头沟通	例如：迎接游客并介绍景点。
5	社交技能——理解他人	例如：觉察出顾客因为等待太久而生气。

TOP5	工作需要的知识	具体的知识结构
1	经济学与会计	关于经济学和会计学的原理与实践，涉及金融市场、银行业以及对金融数据进行分析和报告的知识。
2	中文语言	关于汉语语言结构和内容的知识，包括词的意义和书写、构成规则和语法。
3	行政与管理	关于战略规划、资源分配、人力资源、领导技巧、生产方法、人员与资源协调的商业管理原理。
4	文秘	关于行政和文书记录程序和系统的知识，例如：文字处理、文件记录归档、速记和誊写、表格设计等，还要掌握其他一些办公程序和专门用语。
5	计算机与电子学	关于线路板、处理器、芯片、电子设备和电脑软硬件的知识，包括关于应用软件和编程方面的知识。

工作要求的任职资格	资格分类	资格级别
任职资格——要求相当程度职务准备	总体经验	需要从业者最少具备两年到四年与工作相关的技能、知识或工作经验。例如：一个会计必须从事会计工作若干年后，才有资格成为会计师。
	在职培训	从业者通常须具备几年的有关工作经验，接受过在职培训和职业培训。
	任职资格举例	这个大类中的许多职业都要求从业者与他人协调，负责监督、管理或培训的工作。例如：会计师、人力资源经理、计算机程序员、教师、药剂师。
	教育背景	除个别职业之外，大多数职业均要求从业者具备大专或以上学历。

TOP5	工作方式和环境	具体要求
1	信函和备忘录	该工作需要频繁书写信函和备忘录。
2	与工作小组合作	与他人组成团队合作对该工作很重要。
3	精确的重要性	该工作对精确度的要求很高。
4	进行决策的自由	该工作可为从业者提供不受监管的自由决策空间。
5	伏案工作时间	该工作需要从业者长时间伏案工作。

TOP5	工作活动	具体要求
1	工作产出	操作计算机。
2	资讯处理过程	对数据或资讯进行分析。
3	资讯处理过程	处理资讯。
4	资讯输入	获取信息。
5	工作产出	建立档案或将信息记录在案。

TOP5	类别	工作要求的智体能力	具体要求
1	认识智能	对问题的敏感度	指出错误或有可能出的错误的能力，这并不包括解决该问题，而只是指发现该问题。
2	认识智能	演绎推理能力	将总体规则运用到具体问题中，并据此找出有意义的答案的能力。
3	认识智能	书面表达能力	使用书面语言传递可被他人理解的信息和思想。

4	认识智能	口头表达能力	与他人进行口头交流，使其明白自己传达的信息和思想的能力。
5	认识智能	数学推理能力	选择正确的数学方法或公式解决问题的能力。
TOP5	工作要求具备的性格		具 体 要 求
1	细微观察		要求工作者在工作中注重细节，完美地完成任务。
2	可靠性		要求工作者可靠地、有责任感地、值得信赖地履行自己的职责。
3	正直		要求工作者诚实、有道德感。
4	分析思考		要求工作者分析资讯，运用逻辑思维处理工作相关问题。
5	承受压力		要求工作者能够接受批评并能在巨大压力下冷静、有效地处理工作。

从业者追求的工作满足

TOP1	职业兴趣	兴 趣 描 述
1	常规性	常规性职业通常要求工作者依照已有程序、规则处理数据和完成一些琐碎工作，而不需要在工作中表现出创新性思维。通常工作中有明确的上下级关系。
TOP2	工作价值观	价值观内涵
1	工作条件	满足此项工作价值观的职业为工作者提供工作保障和良好的工作条件。相应的前提是行动、报酬、独立性、保障、多样性和工作条件。
2	成就感	满足此项工作价值观的职业看重工作结果，通过成就感的刺激，使工作者的能力得到最大程度的发挥。相应的前提是才能充分发挥与成就感。
TOP5	企业氛围	具 体 内 容
1	独立性	该项工作的从业者可以独立完成工作。
2	自我管理	该项工作的从业者在规划自己工作时很少受到监管。
3	责任	该项工作的从业者可以做决策并负责。
4	公司政策和惯例	该项工作的从业者受到公司的公平对待。
5	社会地位	该项工作的从业者受到公司的尊敬。

职业招聘广告示例

某公司招聘会计，条件如下：
会计员

岗位职责：
1. 负责公司部分日常账务处理；
2. 负责内、外部报表编制及报税；
3. 领导临时交办的其他工作任务。

任职资格：
1. 财务会计相关专业专科或以上学历，助理会计师以上职称优先；
2. 两年以上外资商贸企业工作经验或具有报税及相关事务工作经验优先；
3. 熟练使用 Office 办公软件及用友 ERP 系统；
4. 工作细心，有极强的责任心，可以承受一定的工作压力；为人正直、原则性强，具有良好的敬业精神和高度的团队合作精神。

附表 7　客服专员的真实职业环境一览表（2015 版）

职业描述

客服专员：与顾客互动和交流，并提供信息以回应顾客对产品和服务的询问；妥善处理和解决客户的投诉。

从业者的工作要求

TOP6	主 要 任 务
1	通过电话或亲自拜访与顾客协商以提供产品和服务的信息，接受订单或取消账户，或者获得投诉的详细资料。
2	保存顾客的互动和交易记录、记录询问、投诉、意见以及所采取行动的详细资料。
3	更换商品、退款和调整票据，解决顾客关于服务或账单的投诉。
4	检查以确保已采取适当措施解决消费者的问题。
5	联系顾客，回复顾客的询问，告知其调查结果，以及计划的调整情况。
6	将未解决的顾客投诉提交指定部门做进一步调查。

TOP5	工作要求具备的主要技能	举 例 说 明
1	基本技能——有效的口头沟通	例如：迎接游客并介绍景点。
2	社交技能——服务他人	例如：根据观察询问顾客是否添菜。
3	社交技能——理解他人	例如：觉察出顾客因为等待太久而生气。
4	基本技能——积极学习	例如：理解一条新闻的启示。
5	基本技能——积极聆听	例如：听懂客户的订货需求。

TOP5	工作需要的知识	具体的知识结构
1	消费者服务与个人服务	关于向顾客、个人提供服务的原理及过程的知识，这包括评估顾客需求以达到服务质量标准，并确定顾客的满意程度。
2	营销与沟通	关于展示、促销产品及服务的原则和方法的知识，包括营销策略、产品展示、销售技巧及销售控制体系。
3	中文语言	关于汉语语言结构和内容的知识，包括词的意义和书写、构成规则和语法。
4	心理学	关于人类行为和表现，能力、个性和兴趣的个体差异，学习与动机，心理研究方法，以及对行为和情感紊乱的评价和治疗的知识。
5	文秘	关于行政和文书记录程序和系统的知识，例如：文字处理、文件记录归档、速记和誊写、表格设计等，还要掌握其他一些办公程序和专门用语。

工作要求的任职资格	资 格 分 类	资 格 级 别
任职资格——要求初级程度职务准备	总体经验	进入前已掌握一些从事本职业相关的技能、知识或经验，通常从业资格不强求这些经验。例如：接触大众的工作经验对成为出纳员有所帮助，但没有这类工作经验的人也能很容易地成为合格银行出纳员。
	在职培训	需要与经验丰富的工作者一起工作，时间从几个月到一年不等。
	任职资格举例	通常要求从业者运用知识和技能为他人提供帮助。例如：钣金工、森林消防员、客户服务代表、药房技师、售货员（零售）以及银行出纳员。
	教育背景	通常要求从业者具备高中文凭，有时可能要求从业者参加过职业培训或与工作相关的培训课程。在某些情况下，要求从

		业者拥有大中专学历。
TOP5	工作方式和环境	具 体 要 求
1	需要进行决策的频率	从业者将被要求频繁做出对他人、财务资源、组织形象和声誉的决策。
2	接触外部顾客	与外部顾客或公众合作对该工作很重要。
3	电子邮件	经常使用电子邮件。
4	与工作小组合作	与他人组成的团队合作对该工作很重要。
5	时间压力	该工作需要从业者经常在严格截止日期的要求下工作。
TOP5	工 作 活 动	具 体 要 求
1	工作产出	操作计算机。
2	资讯输入	获取信息。
3	资讯处理过程	作出决策，解决问题。
4	工作产出	建档案或信息记录在案。
5	与他人互动	与上级、同级人员或下属沟通。

TOP5	类别	工作要求的智体能力	具 体 要 求
1	认识智能	会话理解能力	通过倾听理解口头词句所包含的信息和思想的能力。
2	认识智能	口头表达能力	与他人进行口头交流，使其明白自己传达的信息和思想的能力。
3	认识智能	对问题的敏感度	指出错误或有可能出错误的能力。这并不包括解决该问题，而只是指发现该问题。
4	认识智能	演绎推理能力	将总体规则运用到具体问题中，并据此找出有意义的答案的能力。
5	感觉能力	话语的清晰度	清楚表达以使他人理解的能力。

TOP5	工作要求具备的性格	具 体 要 求
1	协作精神	要求工作者乐于与他人协作，并在工作中表现出和善、合作的态度。
2	可靠性	要求工作者可靠地、有责任感地、值得信赖地履行自己的职责。
3	自制能力	要求工作者即使在十分困难的情况下，也要保持镇静、克制自己、控制怒火、避免过激行为。
4	细微观察	要求工作者在工作中注重细节、完美地完成任务。
5	承受压力	要求工作者能够接受批评并能在巨大压力下冷静、有效地处理工作。

从业者追求的工作满足

TOP1	职业兴趣	兴 趣 描 述
1	常规性	常规性职业通常要求工作者依照已有程序、规则处理数据和完成一些琐碎工作，而不需要在工作中表现出独创性思维。通常工作中有明确的上下级关系。
TOP2	工作价值观	价值观内涵
1	支持	满足此项工作价值观的职业为工作者提供支持性管理。相应的前提是公司政策、监管中，人事关系与管理的专门技能。
2	人际关系	满足此项工作价值观的职业允许工作者为他人提供服务，并在非竞争性的友好环境中与同事协作。相应的前提是同事、道德价值观和社会服务。
TOP5	企业氛围	具 体 内 容
1	成就	该项工作的从业者有成就感。

2	工作提升	该项工作的从业者有提升的机会。
3	同事	该项工作的从业者有容易共处的同事。
4	监督，技术性的	该项工作从业者的管理者能够对手下的员工进行良好的训练。
5	公司政策和惯例	该项工作的从业者受到公司的公平对待。

职业招聘广告示例

某公司招聘客服专员，条件如下：
客户服务代表

岗位职责：
1. 通过电话、邮件、在线聊天工具回答用户关于网上购物流程、商品情况等咨询；用热情规范的服务给用户一个满意的沟通体验；
2. 处理用户的退换货申请；
3. 处理用户订单，及时与用户沟通有关订单的情况；
4. 与供应商沟通，协调退换货及调货事宜。

任职资格：
1. 大专及以上学历，有一定的客户服务经验者优先；
2. 思路敏捷、积极主动、有责任心、有耐心；
3. 善于人际沟通交流，有良好的团队协作能力；
4. 普通话流利、标准，口齿清晰、声音甜美；
5. 工作稳定性强，能适应翻班和节假日工作；
6. 有熟练快速的电脑文字输入能力，有一定的电脑操作技能。

附表 8　文员的真实职业环境一览表（2015 版）

职业描述

文员：履行多种多样的办公室职责，难以定义为任何确切的行政职位，要求掌握最基本的办公管理系统及程序方面的知识。行政职责主要取决于每个公司的具体办公程序。一般而言，负责接听电话、作记录、文字处理、速记、操作办公设备以及整理文件等多种工作。

从业者的工作要求

TOP12	主要任务
1	收集、计算和支付货币，履行基本的簿记工作和完成银行往来业务。
2	与顾客、雇员和其他个人交流以回答问题，传播或解释信息、接订单和解决投诉。
3	接听电话、转接呼叫和记录留言。
4	编写、复制、分类和归档办公室活动、业务交易或其他活动的记录。
5	完成和邮寄票据、合同、保单、发票或支票。
6	操作办公室设备，例如：复印机、扫描机、传真机、语音邮递系统和个人电脑。
7	计算、记录、校对数据和其他信息，例如：记录或报告。
8	手工或使用电脑维护并更新档案、存货、邮件和数据库系统。
9	打开、分类来信，回复并发送信件，收发邮件。
10	检查档案、记录和其他文件以获得信息，回应请求。
11	传达消息和办理日常相关业务。

12	编制目录和订购材料、供应品和服务。		
TOP5	工作要求具备的主要技能		举 例 说 明
1	基本技能——有效的口头沟通		例如：迎接游客并介绍景点。
2	基本技能——积极学习		例如：理解一条新闻的启示。
3	基本技能——积极聆听		例如：听懂客户的订货需求。
4	基本技能——学习方法		例如：从他人那里学到完成任务的不同方法。
5	社交技能——理解他人		例如：觉察出顾客因为等待太久而生气。
TOP5	工作需要的知识		具体的知识结构
1	文秘		关于行政和文书记录程序和系统的知识，例如：文字处理、文件记录归档、速记和誊写、表格设计等，还要掌握其他一些办公程序和专门用语。
2	行政与管理		关于战略规划、资源分配、人力资源、领导技巧、生产方法、人员与资源协调的商业管理原理。
3	中文语言		关于汉语语言结构和内容的知识，包括词的意义和书写、构成规则和语法。
4	消费者服务与个人服务		关于向顾客、个人提供服务的原理及过程的知识，这包括评估顾客需求以达到服务质量标准，并确定顾客的满意程度。
5	计算机与电子学		关于线路板、处理器、芯片、电子设备和电脑软硬件的知识，包括关于应用软件和编程方面的知识。
工作要求的任职资格		资 格 分 类	资 格 级 别
任职资格——要求初级程度职务准备		总体经验	进入前已掌握一些从事本职业相关的技能、知识或经验，通常从业资格不强求这些经验。例如：接触大众的工作经验对成为出纳员有所帮助，但没有这类工作经验的人也能很容易地成为合格银行出纳员。
		在职培训	需要与经验丰富的工作者一起工作，时间从几个月到一年不等。
		任职资格举例	通常要求从业者运用知识和技能为他人提供帮助。例如：客户服务代表、药房技师、售货员（零售）以及银行出纳员。
		教育背景	通常要求从业者具备高中文凭，有时可能要求从业者参加过职业培训或与工作相关的培训课程。在某些情况下，要求从业者拥有大中专学历。
TOP5	工作方式和环境		具 体 要 求
1	与工作小组合作		与他人组成的团队合作对该工作很重要。
2	电子邮件		经常使用电子邮件。
3	结构性工作和非结构性工作的比例		该工作不允许从业者自己决定工作任务、优先顺序和最终目标。
4	重复同样工作的重要性		不停地重复同样的身体动作（例如：将数据录入）或智力活动（例如：检查分类账的录入）。
5	在环境可控的室内工作		该工作需要从业者经常在环境可控的室内工作。
TOP5	工 作 活 动		具 体 要 求
1	工作产出		操作计算机。
2	资讯输入		获取信息。
3	与他人互动		与上级、同级人员或下属沟通。

4	与他人互动		执行行政管理活动。
5	与他人互动		建立并维持人际关系。
TOP5	类别	工作要求的智体能力	具 体 要 求
1	认识智能	会话理解能力	通过倾听理解口头词句所包含的信息和思想的能力。
2	认识智能	口头表达能力	与他人进行口头交流，使其明白自己传达的信息和思想的能力。
3	感觉能力	话语的清晰度	清楚表达以使他人理解的能力。
4	感觉能力	听力	听清他人说话的能力。
5	认识智能	阅读理解能力	阅读并理解书面信息和思想的能力。
TOP5	工作要求具备的性格		具 体 要 求
1	协作精神		要求工作者乐于与他人协作，并在工作中表现出和善、合作的态度。
2	可靠性		要求工作者可靠地、有责任感地、值得信赖地履行自己的职责。
3	正直		要求工作者诚实、有道德感。
4	细微观察		要求工作者在工作中注重细节，完美地完成任务。
5	关心他人		要求工作者能够感到他人的需要，体谅他人的感受，对他人工作有所理解和帮助。

从业者追求的工作满足

TOP1	职业兴趣	兴 趣 描 述
1	常规性	常规性职业通常要求工作者依照已有程序、规则处理数据和完成一些琐碎工作，而不需要在工作中表现出独创性思维。通常工作中有明确的上下级关系。
TOP2	工作价值观	价值观内涵
1	人际关系	满足此项工作价值观的职业允许工作者为他人提供服务，并在非竞争性的友好环境中与同事协作。相应的前提是同事、道德价值观和社会服务。
2	支持	满足此项工作价值观的职业对员工提供支持性的管理。相应的前提是公司政策、监管中，人事关系与管理的专门技能。
TOP5	企业氛围	具 体 内 容
1	公司政策和惯例	该项工作的从业者受到公司的公平对待。
2	保障	该项工作的从业者有稳定的就业。
3	独立性	该项工作的从业者可以独立完成工作。
4	监督，技术性的	该项工作从业者的管理者能够对手下的员工进行良好的训练。
5	同事	该项工作的从业者有容易共处的同事。

职业招聘广告示例

某公司招聘文员，条件如下：
文员

任职资格：
1. 做事细心有责任心，学习能力强，效率高；
2. 能吃苦耐劳，为人诚实可靠，有礼貌，有文书工作经验者优先；
3. 外语要求英语良好；
4. 能熟练使用微软办公软件；

5.	学历要求大专或以上。

附表 9　销售代表（批发和制造业，不包括科技类产品）的真实职业环境一览表（2015 版）

职业描述

销售代表（批发和制造业，不包括科技类产品）：向批发商或制造商出售产品；要求对所售产品充分了解。

从业者的工作要求

TOP13	主　要　任　务
1	回答顾客关于产品、价格、实用性、产品用途和信用条款方面的问题。
2	基于顾客的需要和兴趣，给顾客推荐产品。
3	接触长期的和预期的客户并向他们示范产品，解释产品特性并且推销产品。
4	估计并提出报价、信用或合同条款、担保和交货日期。
5	在销售或合同签订以后，为了解决问题与顾客商谈并且继续提供支持。
6	准备图纸，评估报告和投标报告，以使其符合特定顾客的需要
7	给顾客提供产品样品和目录。
8	通过使用企业名录识别预期客户，服务现有客户，参加团体和俱乐部并出席贸易展览和会议。
9	安排并且指挥产品和设备交付和安装。
10	监测市场状况、产品创新和竞争者的产品、价格和销售。
11	商议合同和付款细节，并且准备销售合同和订单表格。
12	履行管理职责，例如：准备销售预算和报告，准备销售记录并且填写费用账户报告。
13	获得关于预期客户的信用信息。

TOP5	工作要求具备的主要技能	举　例　说　明
1	基本技能——有效的口头沟通	例如：迎接游客并介绍景点。
2	社交技能——谈判技能	例如：组织多人合作。
3	基本技能——积极学习	例如：理解一条新闻的启示。
4	社交技能——说服他人	例如：劝说他人慈善捐款。
5	社交技能——理解他人	例如：觉察出顾客因为等待太久而生气。

TOP5	工作需要的知识	具体的知识结构
1	营销与沟通	关于展示、促销产品及服务的原则和方法的知识，包括营销策略、产品展示、销售技巧及销售控制体系。
2	消费者服务与个人服务	关于向顾客、个人提供服务的原理及过程的知识，这包括评估顾客需求以达到服务质量标准，并确定顾客的满意程度。
3	中文语言	关于汉语语言结构和内容的知识，包括词的意义和书写、构成规则和语法。
4	教育与培训	关于课程设置和培训的原理和方法，教授和指导个人及团体，以及评估培训效果的知识。
5	外国语	关于一门外语语言结构和内容的知识，包括单词的意义和拼写、构成规则、语法和发音。

工作要求的任职资格	资　格　分　类	资　格　级　别
任职资格——要求中等程度职务准备	总体经验	要求工作者具备与此职业相关的技能、知识和工作经验。例如：在成为一个电工之前必须当三年或四年的学徒或者接受职业培训，并且通常还要求工作者通过从业资格考试获取证

		书方能工作。
	在职培训	从业者需要接受一年或两年的培训，包括在职工作经验的积累和接受经验丰富的工作者的指导。
	任职资格举例	通常要求从业者运用沟通技巧和组织能力协调、监督、管理或培训他人以达到目标。例如：电工、森林保护人员、法律秘书、记者以及保险销售代理人。
	教育背景	这个级别的任职资格中的大多数职业要求从业者接受过职业培训学校的培训，具备在职工作经验或者大中专文凭。一些职业要求学士学位文凭。

TOP5	工作方式和环境	具 体 要 求
1	需要进行决策的频率	从业者将被要求频繁做出对他人、财务资源、组织形象和声誉的决策。
2	电子邮件	经常使用电子邮件。
3	结构性工作和非结构性工作的比例	该工作不允许从业者自己决定工作任务、优先顺序和最终目标。
4	进行决策的自由	该工作可为从业者提供不受监管的自由决策空间。
5	在封闭的运输工具或设备中工作	该工作要求从业者经常在封闭的运输工具或设备（例如汽车）中工作。

TOP5	工 作 活 动	具 体 要 求
1	与他人互动	建立并维持人际关系。
2	与他人互动	向他人进行营销或对他人施加影响。
3	资讯输入	获取信息。
4	与他人互动	与组织之外的人员沟通。
5	与他人互动	与上级、同级人员或下属沟通。

TOP5	类别	工作要求的智体能力	具 体 要 求
1	认识智能	口头表达能力	与他人进行口头交流，使其明白自己传达的信息和思想的能力。
2	认识智能	会话理解能力	通过倾听理解口头词句所包含的信息和思想的能力。
3	感觉能力	话语的清晰度	清楚表达以使他人理解的能力。
4	感觉能力	听力	听清他人说话的能力。
5	认识智能	阅读理解能力	阅读并理解书面信息和思想的能力。

TOP5	工作要求具备的性格	具 体 要 求
1	正直	要求工作者诚实、有道德感。
2	可靠性	要求工作者可靠地、有责任感地、值得信赖地履行自己的职责。
3	主动性	要求工作者主动承担责任和迎接挑战。
4	承受压力	要求工作者能够接受批评并能在巨大压力下保持冷静、有效地处理工作。
5	坚持不懈	要求工作者当面对困难时坚持不懈。

从业者追求的工作满足

TOP1	职业兴趣	兴 趣 描 述
1	企业性	企业性的职业通常涉及发起和完成项目，领导他人并做出许多决策。这类职业常常要处理各种商业事务，并且有时还要承担决策风险。

TOP2	工作价值观	价值观内涵

1	成就感	满足此项工作价值观的职业看重工作结果，通过成就感的刺激，使工作者的能力得到最大程度的发挥。相应的前提是才能充分发挥与成就感。
2	独立性	满足此项工作价值观的职业允许工作者独立工作、独立决策。相应的前提是创造力、责任感以及自主权。
TOP5	企业氛围	具 体 内 容
1	责任	该项工作的从业者可以做决策并负责。
2	认可	该项工作的从业者因其工作得到认可。
3	多样性	该项工作的从业者每天都可以接触到一些不同的工作内容。
4	能力使用	该项工作的从业者可以发挥他们的个人能力。
5	监督，人力关系	该项工作从业者的上级管理者通过管理对手下的员工进行支持。

职业招聘广告示例

某公司招聘销售代表（批发和制造业，不包括科技类产品），条件如下：
制造业销售

任职资格：
1. 熟悉制造业；
2. 性格开朗、学习能力强、能吃苦、有上进心及团队合作精神；
3. 两年以上 IT 行业销售经验优先；
4. 大专及以上学历、22~30 岁，男女不限。

附表 10　小学教师的真实职业环境一览表（2015 版）

职业描述

小学教师：在公立或私立小学授课，向小学生传授基本知识、社交能力及一些其他基本技能。

从业者的工作要求

TOP36	主 要 任 务
1	制定并执行规范学生行为的规则和维持纪律的方法。
2	观察并评估学生的课堂表现、行为规范、社交能力和身体健康。
3	为课堂学习准备教学资料，并安排教学场所。
4	根据学生不同的需求和兴趣，调整教学方式和课堂资料。
5	积极策划、举行融教学、展示和自己动手为一体的各类综合活动。
6	单独指导学生，并对学生小组的学习提供指导；采用多样化的教学手段，比如：讲座、讨论和现场表演。
7	为每一课、每一单元、每一项目都设立目标，并将之告知学生。
8	布置课堂作业和家庭作业，并负责批阅。
9	向全体或部分学生朗读书本内容。
10	通过组织、管理考试和练习作业来评估学生的学业掌握情况，并为其评分。
11	保持与学生家长或监护人、各科老师、教学顾问和管理者交流，帮助学生解决学习和个人行为上出现的问题。
12	与孩子父母或监护人会面，与他们交流孩子取得的进步；确定家长在孩子教育中最关心的方面和他们需要利用的资源。
13	根据法律、地区政策和管理条例的规定，准备准确完整的学生记录。
14	鼓励学生为自己争取更多继续学习和接受挑战的机会，帮助学生充满心地面对今后的学习。

15	引导学生积极调整自己，帮助他们解决在学习上遇到的问题，或对他们特别感兴趣的领域做特别的指导。
16	为需要获得额外帮助的学生提供补救性质的辅导课程。
17	按照课程指导或各地区教育管理部门和学校的要求，确定课程学习的目标和大纲。
18	为孩子提供各种材料和资源，帮助他们在学习和充满想象力的玩耍中，满足其探索世界以及操作和使用工具的需求。
19	执行管理规章和学生管理条例。
20	在某门课程获批后，继续与同事探讨交流，策划安排强化学习的课程。
21	与其他工作人员一起评估某个学生的受教育需求和进步。
22	使用计算机、视频辅助和其他设备资料来辅助授课。
23	认真备课；在接受教学检查时应按要求准备书面备课材料
24	与其他老师和管理者一起开发、评估和修订小学课程教育。
25	按照管理部门的要求，出具学生和其所参加活动的记录。
26	指导并监督学生使用、维护试验设备，防止学生受伤和设备受损。
27	组织并带领学生进行旨在增强他们身体素质、帮助他们发展心智和社交能力的活动，比如游戏、艺术、手工、音乐和讲故事。
28	参加职业会议、教育会议以及教师培训课程，保持和提高自己的职业技能。
29	组织管理班级活动、外出玩耍、参观、会见客人或其他实践活动，帮助学生从这些经历中学习。
30	编写材料，并作出标记；展示孩子们的作品。
31	参加职工大会；如需要，应在委员会任职。
32	组织标准能力和成绩测试，并据此判断学生的优势和需要改进的地方。
33	为助教和志愿协助教学的学生布置工作任务，并对其进行管理和评估。
34	尽可能让家长和高年级学生参与孩子们的活动，以便他们接触更复杂的游戏。
35	承担管理职能，如管理教学楼和食堂，负责学生上下交通车等。
36	选择、储存、订购、发放教室设备、材料和用品，并为其编号。

TOP5	工作要求具备的主要技能	举例说明
1	基本技能——有效的口头沟通	例如：迎接游客并介绍景点。
2	基本技能——积极学习	例如：理解一条新闻的启示。
3	社交技能——理解他人	例如：觉察出顾客因为等待太久而生气。
4	社交技能——指导他人	例如：指导他人使用一件工具。
5	基本技能——学习方法	例如：从他人那里学到完成任务的不同方法。

TOP5	工作需要的知识	具体的知识结构
1	教育与培训	关于课程设置和培训的原理和方法，教授和指导个人及团体，以及评估培训效果的知识。
2	中文语言	关于汉语语言结构和内容的知识，包括词的意义和书写、构成规则和语法。
3	心理学	关于人类行为和表现，能力、个性和兴趣的个体差异，学习与动机，心理研究方法，以及对行为和情感紊乱的评价和治疗的知识。
4	外国语	关于一门外语语言结构和内容的知识，包括单词的意义和拼写、构成规则、语法和发音。
5	数学	关于算术、代数、几何、微积分、统计及其应用的知识。

工作要求的任职资格	资 格 分 类	资 格 级 别
	总体经验	需要从业者最少具备两年到四年与工作相关的技能、知识或

任职资格——要求相当程度职务准备		工作经验。例如：一个会计必须完成四年的大学课程并从事会计工作若干年后，才有资格成为会计师。
	在职培训	从业者通常须具备几年的有关工作经验、在职培训或职业培训。
	任职资格举例	这个大类中的许多职业都要求从业者与他人协调，负责监督、管理或培训的工作。例如：会计师、人力资源经理、计算机程序员、教师、药剂师。
	教育背景	除个别职业之外，大多数职业均要求从业者具备四年的本科学士学位。

TOP5	工作方式和环境	具 体 要 求
1	在环境可控的室内工作	该工作需要从业者经常在环境可控的室内工作。
2	信函和备忘录	该工作需要频繁书写信函和备忘录。
3	电子邮件	经常使用电子邮件。
4	站立的时间	该工作需要从业者长时间站立工作。
5	进行决策的自由	该工作可为从业者提供不受监管的自由决策空间。

TOP5	工 作 活 动	具 体 要 求
1	与他人互动	培训、指导他人。
2	资讯处理过程	组织和计划工作，并确定优先进行的工作。
3	与他人互动	建立并维持人际关系。
4	资讯输入	获取信息。
5	与他人互动	与上级、同级人员或下属沟通。

TOP5	类别	工作要求的智体能力	具 体 要 求
1	感觉能力	话语的清晰度	清楚表达以使他人理解的能力。
2	认识智能	对问题的敏感度	指出错误或有可能出错误的能力，这并不包括解决该问题，而只是指发现该问题。
3	认识智能	会话理解能力	通过倾听理解口头词句所包含的信息和思想的能力。
4	认识智能	口头表达能力	与他人进行口头交流，使其明白自己传达的信息和思想的能力。
5	感觉能力	听力	听清他人说话的能力。

TOP5	工作要求具备的性格	具 体 要 求
1	自制能力	要求工作者即使在十分困难的情况下，也要保持镇静、克制自己、控制怒火、避免过激行为。
2	关心他人	要求工作者能够感觉到他人的需要、体谅他人的感受、对他人工作有所理解和帮助。
3	正直	要求工作者诚实、有道德感。
4	协作精神	要求工作者乐于与他人协作，并在工作中表现出和善、合作的态度。
5	可靠性	要求工作者可靠地、有责任感地、值得信赖地履行自己的职责。

从业者追求的工作满足

TOP1	职业兴趣	兴 趣 描 述
1	社会性	社会性职业通常涉及与他人协作、沟通以及教育他人。这类职业经常要求工作者为他人提供帮助或服务。
TOP2	**工作价值观**	**价值观内涵**

1	成就感	满足此项工作价值观的职业看重工作结果，通过成就感的刺激，使工作者的能力得到最大程度的发挥。相应的前提是才能充分发挥与成就感。
2	独立性	满足此项工作价值观的职业允许工作者独立工作、独立决策。相应的前提是创造力、责任感以及自主权。

TOP5	企业氛围	具体内容
1	自我管理	该项工作的从业者在规划自己工作时很少受到监管。
2	工作条件	该项工作的从业者有良好的工作环境。
3	保障	该项工作的从业者有稳定的就业。
4	活动	该项工作的从业者随时都很忙碌充实。
5	能力使用	该项工作的从业者可以发挥他们的个人能力。

职业招聘广告示例

某公司招聘小学教师，条件如下：
小学英语老师

岗位职责：
1. 针对学生情况，迅速把握学生的学习特点，制定相应的教学安排，对其进行个性化的课程讲授；
2. 在授课期间适当组织测验活动，检验学生接受辅导的成效；
3. 了解学生的学习情况，做好记录与跟踪维护服务。

任职资格：
1. 师范专业毕业；
2. 对地区性中小学课程熟悉，有一线教师工作经验优先；
3. 有教师资格证，退休教师有相关教师资格证明即可；
4. 熟悉中小学生的生活及学习特点，善于与学生进行良好的沟通交流；
5. 有良好的团队合作精神，能在学科组中互促互进；
6. 精力充沛，有当老师的激情，对教学负责投入；
7. 具备较强的人生理念和丰富的知识，能够激发学生的学习热情。

附表11　预订票务代理和旅游服务人员的真实职业环境一览表（2015版）

职业描述

预订票务代理和旅游服务人员：向顾客售票并向大型酒店或连锁酒店预订房间。可能会检查行李并引导顾客去大街、码头或其他指定地点；接受预订，送票，安排签证，联系个人或团体通知他们包办旅行，或为其提供旅游景点、餐厅、价格以及紧急服务等旅游信息。

从业者的工作要求

TOP9	主要任务
1	回答关于日程、膳宿供应、程序和政策方面的询问。
2	收集和发布必需的文件譬如入场券、旅行保险单和路线。
3	与顾客商谈，以确定他们的服务要求和旅行选择。
4	与顾客或旅行代理人联系，建议他们选择的旅行运输工具或确定旅行房间的预约。
5	确定在顾客要求的旅行日期是否有空闲房间，并且当有空余时，分配其被请求的房间。
6	审查乘客文件以确定目的地和分配登机证。
7	告知客户重要的旅行信息，譬如旅行时间、交通线路和医疗以及签证要求。
8	保存空余乘客空间的计算机记录，并提供预留或空余空间的信息。

9	使用电话、传真、邮件和计算机安排交通、膳宿和确认预订。		
TOP5	工作要求具备的主要技能		举 例 说 明
1	基本技能——有效的口头沟通		例如：迎接游客并介绍景点。
2	社交技能——服务他人		例如：根据观察询问顾客是否添菜。
3	基本技能——积极学习		例如：理解一条新闻的启示。
4	社交技能——理解他人		例如：觉察出顾客因为等待太久而生气。
5	基本技能——积极聆听		例如：听懂客户的订货需求。
TOP5	工作需要的知识		具体的知识结构
1	消费者服务与个人服务		关于向顾客、个人提供服务的原理及过程的知识，这包括评估顾客需求以达到服务质量标准，并确定顾客的满意程度。
2	中文语言		关于汉语语言结构和内容的知识，包括词的意义和书写、构成规则和语法。
3	行政与管理		关于战略规划、资源分配、人力资源、领导技巧、生产方法、人员与资源协调的商业管理原理。
4	文秘		关于行政和文书记录程序和系统的知识，例如：文字处理、文件记录归档、速记和誊写、表格设计等，还要掌握其他一些办公程序和专门用语。
5	营销与沟通		关于展示、促销产品及服务的原则和方法的知识，包括营销策略、产品展示、销售技巧及销售控制体系。
TOP5	工作方式和环境		具 体 要 求
1	身体接触的密切程度		该工作需要从业者经常与他人进行身体上的密切接触。
2	做重复性动作的时间		该工作要求从业者经常做重复性动作。
3	精确的重要性		该工作对精确度的要求很高。
4	伏案工作时间		该工作需要从业者长时间伏案工作。
5	接触不愉快的或者愤怒的人		该工作需要从业者经常与愤怒的或粗鲁的人打交道。
TOP5	工 作 活 动		具 体 要 求
1	与他人互动		为公众服务或跟公众一起活动。
2	工作产出		操作计算机。
3	与他人互动		化解矛盾，与人协商。
4	工作产出		建立档案或将信息记录在案。
5	与他人互动		建立并维持人际关系。
TOP5	类别	工作要求的智体能力	具 体 要 求
1	认识智能	口头表达能力	与他人进行口头交流，使其明白自己传达的信息和思想的能力。
2	认识智能	会话理解能力	通过倾听理解口头词句所包含的信息和思想的能力。
3	感觉能力	近距离视力	在近距离内（几米之内）辨认细节的能力。
4	认识智能	阅读理解能力	阅读并理解书面信息和思想的能力。
5	感觉能力	话语的清晰度	清楚表达以使他人理解的能力。

从业者追求的工作满足

TOP1	职业兴趣	兴 趣 描 述
1	常规性	常规性职业通常要求工作者依照已有程序、规则处理数据和完成一些琐碎工作，而不需要在工作中表现出独创性思维。通常工作中有明确的上下级关系。
TOP2	工作价值观	价值观内涵

1	支持	满足此项工作价值观的职业对员工提供支持性的管理。与此相应的需要是：公司政策、监管中，人事关系与管理的专门技能。
2	人际关系	满足此项工作价值观的职业允许工作者为他人提供服务，并在非竞争性的友好环境中与同事协作。相应的前提是同事、道德价值观和社会服务。
TOP5	企业氛围	具 体 内 容
1	同事	该项工作的从业者有容易共处的同事。
2	监督，技术性的	该项工作从业者的管理者能够对手下的员工进行良好的训练。
3	成就	该项工作的从业者有成就感。
4	保障	该项工作的从业者有稳定的就业。
5	社会服务	该项工作可以使从业者为其他人做贡献。满足此项工作价值观的职业对员工提供支持性的管理。与此相应的需要是：公司政策、监管中，人事关系与管理的专门技能。

职业招聘广告示例

某公司招聘预订票务代理和旅游服务人员，条件如下：

旅游服务顾问

岗位职责：

1. 为客户提供电话预约服务和 CRS 酒店预订；
2. 提供最高的水平客户服务,妥当处理客人关系，酒店问题和代理问题；
3. 接听客户的呼入电话，提供业务咨询及酒店预订服务；
4. 处理客户的投诉来电，做好相应记录，提出合理的意见建议；
5. 统计电脑数据及文档资料。

任职资格：

1. 性别不限，普通话标准，谈吐文雅，态度谦和，有良好的语言表达能力和应变能力；
2. 嗓音柔和，有耐心，具有优良的服务意识和敬业精神；
3. 有熟练的中英文打字基础，良好的英语水平，较强的适应能力、沟通能力；
4. 耐心细致，有责任心，能承受一定压力；
5. 熟悉操作 Office 办公软件；
6. 愿意接受翻班工作形式，有酒店电话预订、呼叫中心等相关工作经验者优先。

附表 12　中等职业教育教师的真实职业环境一览表（2015 版）

职业描述

中等职业教育教师：讲授与职业技能有关的课程。

从业者的工作要求

TOP32	主 要 任 务
1	准备教学资料，安排教学场所。
2	根据法律、地区政策和管理条例的规定，准备准确完整的学生记录。
3	单独指导学生，并对学生小组的学习提供指导；采用多样化的教学手段，比如讲座、讨论和现场表演。
4	制订并执行规范学生行为的规则和维持纪律的方法。
5	观察并评估学生的课堂表现、行为规范、社交能力培养和身体健康。
6	指导并监督学生使用、维护试验设备，防止学生受伤和设备受损。
7	举行融合教学、展示和自己动手为一体的各类综合活动，为孩子们提供观察、提问以及调查的

	机会。
8	通过组织、管理考试和练习作业来评估学生的学业掌握情况，并为其评分。
9	执行管理规章和学生管理条例。
10	布置课堂作业和家庭作业，并负责批阅。
11	通过有系统的讲座、讨论、视频材料以及实验室、商店和专业研究，向学生讲授某一职业所需要的知识和技能。
12	为每一课、每一单元、每一项目都设立目标，并将之告知学生。
13	使用计算机、视频辅助和其他设备资料来辅助授课。
14	组织学生参加商业、工业和学校实验室的实习项目。
15	鼓励学生为自己争取更多继续学习和接受挑战的机会；帮助学生充满信心地面对今后的学习。
16	保持与学生家长或监护人、各科老师、教学顾问和管理者的交流，帮助学生解决学习和个人行为上出现的问题。
17	按照课程指导或各州教育管理部门和学校的要求，确定课程学习的目标和大纲。
18	引导学生积极调整自己，帮助他们解决在学习上遇到的问题，或对他们特别感兴趣的领域做特别的指导。
19	选择、储存、订购、发放教室设备、材料和用品，并为其编号。
20	随时了解教育和自己教授科目的最新发展。
21	与其他工作人员一起评估某个学生的受教育需求和进步。
22	为需要获得额外帮助的学生提供补救性质的辅导课程。
23	按照管理部门的要求，出具学生和其所参加活动的记录。
24	与孩子父母或监护人会面，与他们交流孩子取得的进步；确定家长在孩子教育中最关心的方面和他们需要利用的资源。
25	组织管理班级活动、外出玩耍、参观、会见客人或其他实践活动，帮助学生从这些经历中学习。
26	参加职业会议、教育会议以及教师培训课程，保持和提高自己的职业技能。
27	帮助支持学生的课外活动，如俱乐部、学生社区以及学术竞赛等。
28	与其他老师和管理者一起开发、评估和修订高中课程教育。
29	帮助学生安排工作，或者向求职中介机构推荐学生。
30	在某门课程获批后，继续与同事探讨交流，策划安排强化学习的课程。
31	参加职工大会；如需要，应在委员会任职。
32	承担管理职能，如管理教学楼和食堂，负责学生上下交通车等。

TOP5	工作要求具备的主要技能	举 例 说 明
1	基本技能——有效的口头沟通	例如：迎接游客并介绍景点。
2	基本技能——积极学习	例如：理解一条新闻的启示。
3	社交技能——指导他人	例如：指导他人使用一件工具。
4	社交技能——理解他人	例如：觉察出顾客因为等待太久而生气。
5	基本技能——学习方法	例如：从他人那里学到完成任务的不同方法。

TOP5	工作需要的知识	具体的知识结构
1	教育与培训	关于课程设置和培训的原理和方法，教授和指导个人及团体，以及评估培训效果的知识。
2	中文语言	关于汉语语言结构和内容的知识，包括词的意义和书写、构成规则和语法。
3	数学	关于算术、代数、几何、微积分、统计及其应用的知识。
4	计算机与电子学	关于线路板、处理器、芯片、电子设备和电脑软硬件的知识，包括关于应用软件和编程方面的知识。

5	消费者服务与个人服务	关于向顾客、个人提供服务的原理及过程的知识，这包括评估顾客需求以达到服务质量标准，并确定顾客的满意程度。

工作要求的任职资格	资 格 分 类	资 格 级 别
任职资格——要求相当程度职务准备	总体经验	需要从业者最少具备两年到四年与工作相关的技能、知识或工作经验。例如：一个会计必须完成四年的大学课程并从事会计工作若干年后，才有资格成为会计师。
	在职培训	从业者通常须具备几年的有关工作经验、在职培训和职业培训。
	任职资格举例	这个大类中的许多职业都要求从业者与他人协调，负责监督、管理或培训的工作。例如：会计师、人力资源经理、计算机程序员、教师、药剂师以及警探。
	教育背景	除个别职业之外，大多数职业均要求从业者具备四年的专科学历。

TOP5	工作方式和环境	具 体 要 求
1	与工作小组合作	与他人组成的团队合作对该工作很重要。
2	电话	该工作需要从业者频繁进行电话谈话。
3	在环境可控的室内工作	该工作需要从业者经常在环境可控的室内工作。
4	电子邮件	经常使用电子邮件。
5	结构性工作和非结构性工作的比例	该工作不允许从业者自己决定工作任务、优先顺序和最终目标。

TOP5	工 作 活 动	具 体 要 求
1	与他人互动	培训、指导他人。
2	与他人互动	指导、培养他人。
3	资讯处理过程	组织和计划工作，并确定优先进行的工作。
4	资讯输入	获取信息。
5	与他人互动	建立并维持人际关系。

TOP5	类别	工作要求的智体能力	具 体 要 求
1	认识智能	口头表达能力	与他人进行口头交流，使其明白自己传达的信息和思想的能力。
2	感觉能力	话语的清晰度	清楚表达以使他人理解的能力。
3	感觉能力	听力	听清他人说话的能力。
4	认识智能	会话理解能力	通过倾听理解口头词句所包含的信息和思想的能力。
5	认识智能	对问题的敏感度	指出错误或有可能出错误的能力，这并不包括解决该问题，而只是指发现该问题。

TOP5	工作要求具备的性格	具 体 要 求
1	正直	要求工作者诚实、有道德感。
2	可靠性	要求工作者可靠地、有责任感地、值得信赖地履行自己的职责。
3	自制能力	要求工作者即使在十分困难的情况下，也要保持镇静、克制自己、控制怒火、避免过激行为。
4	承受压力	要求工作者能够接受批评并冷静、有效地处理巨大压力下的工作。
5	关心他人	要求工作者能够感觉到他人的需要，体谅他人的感受，对他人工作有所理解和帮助。

从业者追求的工作满足

TOP1	职业兴趣	兴 趣 描 述
1	社会性	社会性职业通常涉及与他人协作、沟通以及教育他人。这类职业经常要求工作者为他人提供帮助或服务。
TOP2	**工作价值观**	**价值观内涵**
1	成就感	满足此项工作价值观的职业看重工作结果，通过成就感的刺激，使工作者的能力得到最大限度的发挥。工作者的职业需要是才能充分发挥与成就感。
2	独立性	满足此项工作价值观的职业允许工作者独立工作、独立决策。工作者的职业需要是创造力、责任感以及自主权。
TOP5	**企业氛围**	**具 体 内 容**
1	自我管理	该项工作的从业者在规划自己工作时很少受到监管。
2	工作条件	该项工作的从业者有良好的工作环境。
3	保障	该项工作的从业者有稳定的就业。
4	活动	该项工作的从业者随时都很忙碌充实。
5	创造力	该项工作的从业者可以在工作中尝试他们的想法。

职业招聘广告示例

某公司招聘中等职业教育教师，条件如下：
服装专业教师

任职资格：
1. 大专学历，服装及相关专业毕业，教学经验丰富者条件可适当放宽，有多年服装工作经验者优先考虑，有多年毕业班教学经验者同等条件下优先考虑；
2. 普通话标准，语言组织能力强，思维敏捷，善于与学生及家长进行沟通；
3. 有一定的管理经验，能协助学生管理工作；
4. 富有耐心、爱心、责任心，热爱教育行业，敬岗敬业。

名词解释

以下名词按照首字拼音字母的顺序排列：

B

毕业半年后：即毕业第二年的 1 月份以后。麦可思在此时展开跟踪评价，收集数据。此时毕业生的就业状况趋于稳定，有工作经历的毕业生也能够评估工作对自己知识、能力的要求水平。

毕业半年后的月收入：是指大学生毕业半年后实际每月工作收入的平均值。

C

创新能力：除了五大类别的能力，高校还应该加强对学生创新能力的培养。我们将 35 项工作能力中与创新能力相关的几项单独列出来，供高校了解与参考。创新能力包括科学分析、批判性思维、积极学习、新产品构思四种能力。

G

工作与专业相关度：毕业生是知识的使用者，他们能够判断自己的工作是否用到了所学的专业知识。因此问卷中是由毕业生回答自己的受雇全职工作是否与所学专业相关。工作与专业相关度计算公式的分子是受雇全职工作并且与专业相关的毕业生人数，分母是受雇全职工作（包括与专业相关及无关）的毕业生人数。

H

行业：是指用人单位的主要产品和服务的内容。例如，毕业生在一个门户网站公司做文员，其用人单位所在行业是“互联网运营与网络搜索引擎业”；毕业生在一家百货公司维护电脑系统，其用人单位所在行业是“百货零售业”。

核心知识的毕业时掌握水平：用于定义毕业半年后正在工作的大学毕业生所理解的各项知识在刚毕业时实际掌握的级别，从低到高分为一级到七级。取值同下面的工作要求的水平。

核心知识的工作要求水平：用于定义毕业半年后正在工作的大学毕业生所理解的工作对各项知识的要求级别，从低到高分为一级到七级，一级代表该知识的最低水平，取值 1/7；七级代表该知识的最高水平，取值 1，最高水平是初级和中级职业人员达不到的。为了帮助答题人自评级别，问卷在一到七级中分别举了三个例子，以帮助答题人理解知识差别。这些举例是国外研究知识级别时积累多年经验而设计的。其中数值处于[0，42%]为低等水平，处于[42%，71%]为中等水平，处于[71%，100%]为高等水平。

核心知识的满足度：毕业时掌握的核心知识水平满足社会初始岗位的工作要求水平的百分比，100%为完全满足。满足度计算公式的分子是毕业时掌握的核心知识水平，分母是工作要求的水平。

核心知识的重要度：用于定义毕业半年后正在工作的大学毕业生所理解的各项知识在其岗位工作中的重要程度，分为“不重要”、“有些重要”、“重要”、“非常重要”和“极其重要”5个层次，数据处理时把重要性处理为百分比，0 代表“不重要”、25%代表“有些重要”、50%代表“重要”、75%代表“非常重要”、100%代表“极其重要”。

J

基本工作能力的毕业时掌握水平：用于定义毕业半年后正在工作的大学毕业生所理解的 35 项基本工作能力在刚毕业时实际掌握的级别，从低到高分为一级到七级。取值同下面的工作要求的水平。

基本工作能力的工作要求水平：用于定义毕业半年后正在工作的大学毕业生所理解的工作对 35 项基本工作能力的要求级别，从低到高分为一级到七级，一级代表该能力的最低水平，取值 1/7；七级代表该能力的最高水平，取值 1，最高水平是初级和中级职业人员达不到的。为了帮助答题人自评级别，问卷在一到七级中分别举了三个例子，以帮助答题人理解能力差别。这些举例是国外研究能力级别时积累多年经验而设计的。其中数值处于[0，42%]为低等水平，处于[42%，71%]为中等水平，处于[71%，100%]为高等水平。

基本工作能力的满足度：毕业时掌握的基本工作能力水平满足社会初始岗位的工作要求水平的百分比，100%为完全满足。满足度计算公式的分子是毕业时掌握的基本工作能力水平，分母是工作要求的水平。

基本工作能力的重要度：用于定义毕业半年后正在工作的大学毕业生所理解的 35 项基本工作能力在其岗位工作中的重要程度，分为“不重要”、“有些重要”、“重要”、“非常重要”和“极其重要”5 个层次，数据处理时把重要性处理为百分比，0 代表“不重要”、25%代表“有些重要”、50%代表“重要”、75%代表“非常重要”、100%代表“极其重要”。

教学、学生工作和生活服务满意度：毕业生对母校的教学、学生工作和生活服务满意度评价均分为“无法评估”、“很不满意”、“不满意”、“满意”、“很满意”。其中“满意”、“很满意”属于满意的范围，“很不满意”、“不满意”属于不满意的范围。满意度是回答满意范围的人数百分比，计算公式的分子是回答满意范围的人数，分母是回答不满意范围和满意范围的总人数。

经济区域：本研究把中国大陆 31 个省、直辖市和自治区分为八个经济体系区域：

a) 东北区域经济体：包括黑龙江、吉林、辽宁；

b) 泛渤海湾区域经济体：包括北京、天津、山东、河北、内蒙古、山西；

c) 陕甘宁青区域经济体：包括陕西、甘肃、宁夏、青海；

d) 中原区域经济体：包括河南、湖北、湖南；

e) 泛长江三角洲区域经济体：包括上海、江苏、浙江、江西、安徽；

f) 泛珠江三角洲区域经济体：包括广东、广西、福建、海南；

g) 西南区域经济体：包括重庆、四川、贵州、云南；

h) 西部生态经济区：包括西藏、新疆。

就业率：指就业人数占总毕业生需就业人数比例；分子是受雇全职工作人员、受雇半职工作人员、自主创业就业人员和毕业后入伍人员，分母是全体毕业生减去“毕业后读本科”人数（即在就业市场的毕业生人群）。

就业人群：包括四类人群：“受雇全职工作”、“受雇半职工作”、“自主创业”、“毕业后入伍”。

就业特色：根据大学毕业生从事的主要职业、就业的主要行业、在不同类型与不同规模的用人单位就业、就业地区等方面来了解他们的就业状况，分析他们的就业特色。各专业毕业生的就业特色反映了需求特色，在进行专业特色建设时必须要考虑高校专业的需求特色。

就业现状满意度：就业的毕业生对自己目前的现状进行满意度打分，是毕业生的主观判断指标，代表着毕业生对就业的满意程度。就业人群包括：“受雇全职工作”、“受雇半职工作”、“自主创业”、“毕业后入伍”。

就业质量：主要体现在月收入、工作与专业相关度、职业吻合度、就业现状满意度、离职率方面。

收入的高低，是高校培养的毕业生质量的市场价值的体现；

工作与专业相关度越高，体现了专业培养帮助毕业生更多地得到了市场价值的实现；

职业吻合度，反映了毕业生所从事的职业与期待的差距；

就业现状满意度，代表着毕业生对就业的主观满意程度；

离职率低，工作稳定性较强，反映了毕业生与用人单位匹配度较高，毕业生满足了用人单位的需求，用人单位也符合了毕业生的期望。

具体技能分类：麦可思通过建立基于 SCANS 标准的中国用人单位对大学毕业生基本工作能力需求模型，最终将 35 项基本工作能力划分为五大类能力，即理解与交流能力、科学思维能力、管理能力、应用分析能力、动手能力。

L

离职类型：分为只有主动离职、只有被解雇、两者均有三类情形。

离职率：从毕业时到毕业当年的 12 月 31 日，有过工作经历的毕业生中多大百分比发生过离职。

Q

求职服务分布：代表接受学校每项求职服务的毕业生百分比。一个毕业生可以接受多项服务。

求职服务有效性：毕业生选择了某项求职服务后，会被要求评价该求职服务是否有效。求职服务有效性=接受了某项求职服务并认为其有效的人数/接受了该项求职服务的人数。

S

社团活动：是指毕业生大学期间参加过哪些类社团活动，一个毕业生可以选择多类社团活动，也可以回答“没有参加任何社团活动”。社团活动包括：“学术科技类（如：统计协会、哲学社、英语角等）”、“社会实践类（如：创业协会等）”、“公益类（如：志愿者协会等）”、“社交联谊类”、“文化艺术类（如：文学社、书画协会等）”、“表演艺术类（如：演讲与口才、歌舞戏剧、声乐器乐协会等）”、“体育户外类”。

社团活动满意度：毕业生选择了某类社团活动后，会被要求评价对该类社团活动是否满意。社团活动满意度=参加过该类社团活动并表示满意的人数/参加过该类社团活动的人数。

受雇半职工作：平均每周工作 20 小时到 31 小时。

受雇全职工作：平均每周工作 32 小时或更多。

素养提升：是指大学帮助毕业生在素养方面的提升。毕业生回答大学帮助自己在哪些方面得到明显提升，一个毕业生可以选择多项，也可以回答“没有任何帮助”。

X

校友满意度：毕业生对母校的总体满意度评价分为“无法评估”、“很不满意”、“不满意”、“满意”、“很满意”。其中“满意”、“很满意”属于满意的范围，“很不满意”、“不满意”属于不满意的范围。校友满意度是回答满意范围的人数百分比，计算公式的分子是回答满意范围的人数，分母是回答不满意范围和满意范围的总人数。

校友推荐度：在同等分数同类型学校条件下，毕业生是否愿意推荐母校给亲戚朋友去就读。推荐度计算公式的分子是回答“愿意推荐”的人数，分母是回答“愿意推荐”、“不愿意推荐”、“不确定”的总人数。

Y

月收入：指工资、奖金、业绩提成、现金福利补贴等所有的月度现金收入。

Z

职业：是指从业者的主要工作内容。例如，毕业生在一个门户网站公司做文员，其职业应选“文员”；毕业生在一家百货公司维护电脑系统，其职业应选“计算机技术支持员”。

职业期待吻合度：毕业生目前的工作与职业期待吻合的人数百分比。职业吻合度反映了现在的就业质量和职业匹配度。

mycos

MyCOS 麦可思

麦可思公司创建于2006年，是中国首家高等教育管理数据与咨询的专业公司，是高校、社会大众、用人单位和政府公认的第三方权威性数据机构，麦可思每年出版《中国大学生就业报告》（就业蓝皮书），长期为国内高校提供年度数据跟踪与咨询服务，是教育部、人社部、司法部、中国科协、中国社科院、中国机械工程学会、世界银行等研究机构的合作单位，是江苏省、广东省、湖北省、河南省等十余省市教育主管部门的大学生就业跟踪系统的承建单位。

北京语言大学出版社
BEIJING LANGUAGE AND CULTURE
UNIVERSITY PRESS

北京语言大学出版社（以下简称“北语社”）成立于1985年，是国家一级出版社，“全国百佳图书出版单位”之一，是全国语言类十强出版单位。近年来国务院新闻办、国家新闻出版总署、国家六部委、北京市版权局、国家税务局、中国版权协会和北京市新闻出版（版权）局等单位曾授予我社“国家文化出口重点企业”“中国十佳教育出版社”“全国十佳高校出版社”“全国少数民族双语教育先进单位”“全国图书版权输出先进单位”“中国图书对外推广先进单位”“国家纳税信用A级企业”“北京市出版物印制质量优质奖”“全国书籍设计出版单位百家排行榜”“中国版权产业最具影响力企业”“中国数字出版示范企业”等称号和荣誉，连续多年荣获“北京市出版物印制质量优质奖”，入选全国出版业百强网站，曾荣获全国新闻出版“走出去”工作最高奖励——全国新闻出版“走出去”先进单位称号，在全国对外推广工作综合考核中名列全国单体出版社第一。

北语社具有图书、期刊、音像、电子出版物出版权和网络出版权，是中国唯一一家对外汉语教学与研究专业出版社。北语社以出版对外汉语教材、中国少数民族汉语教材、外语图书等语言类图书产品为主要特色，每年出版图书上千种，电子音像产品200余种。对外汉语教材出版是北语社的突出特色。北语社已出版对外汉语教材2000余种，遍布世界各地，以出版的对外汉语教材种类最多、使用范围最广、读者评价最高而成为中国对外汉语教材出版的领军人物。

北语社的外语图书在读者中具有良好的口碑，形成了高校英语教材、小语种（13个语种）教材和英语出国考试图书三大发展主线。北语社的“新航标职业英语”教材系列、“剑桥国际英语”学习系列、“新视线国际英语”教材系列等已经进入国内高校的主干课堂；意大利语和西班牙语教材在国内市场名列前茅，日语、韩语、德语、法语、俄语、越南语、泰国语、阿拉伯语、葡萄牙语、罗马尼亚语、世界语等图书也深受广大读者喜爱；北语社是最早出版雅思考试图书的出版社之一，树立了“北语雅思”品牌，北语雅思培训教材深受教师和学生青睐。

北语社坚定走特色化、专业化发展之路，坚持以图书产品精品化、立体化为发展方向，不断强化纸质图书出版、电子音像出版、网络出版三大出版核心和国内营销、海外营销、网络营销三大营销渠道，全力打造一个集语言类图书、音像、电子、网络等多种媒体出版于一身的一流的国际型、专业化出版社。

mycos